プロ野球重大事件

――誰も知らない〝あの真相〟

野村克也

角川oneテーマ21

目次

序章　プロ野球は大丈夫か？　11

第一章　プロ野球を変えた重大事件　49

第三章　プロ野球場外乱闘　143

第四章　野村流プロ野球改革案　

序章　プロ野球は大丈夫か？

ナベツネ・清武の乱

二〇一一年の日本シリーズ直前、プロ野球界のみならず、世間をも大いに騒がせた〝事件〟が起きた。

巨人軍の清武英利《きよたけひでとし》・ゼネラルマネージャー（ＧＭ）が突如、巨人軍を擁する読売グループの頂点に長年君臨する渡邉恒雄《わたなべつねお》・読売新聞グループ本社会長・主筆に反旗を翻したのである。

すでに決まっていた来季のコーチ人事を桃井恒和《ももいつねかず》・オーナーを通して球団会長でもある渡邉氏に報告し、了承を得ていた。にもかかわらず、クライマックスシリーズ後に原辰徳《はらたつのり》監督と会談した夜、渡邉氏が「おれへの報告なしに、勝手にコーチ人事をいじくるというのは、そんなことありえるのか。おれは知らん。責任持たんよ」と発言。〝鶴の一声〟で江川卓《えがわすぐる》のヘッドコーチ就任および岡崎郁《おかざきかおる》ヘッドコーチの降格を決めようとしたことに反発した清武氏が記者会見を開き、こう渡邉氏を批判したのだ。

「愛する巨人軍を、プロ野球を私物化するような行為を許すことはできません」

しかし、この会見を受けた桃井オーナーは「逆にコンプライアンスという意味でとんでもない」と清武氏を批判。さらに渡邉氏自らも「〝清武声明〟はまことに非常識で悪質なデマゴギー」と反論声明を発表。清武氏もこれに再反論したことで、清武氏の渡邉氏批判は、巨人軍との〝全面抗争〟に発展してしまった。

球団は結局、「独断で会見を強行、業務に支障をもたらした」「誤った事実や論評を公表し、球団や読売グループの信用を傷つけ、イメージを著しく悪化させた」「取締役辞任と引き換えに渡邉会長に球団会長を辞任させ、自身を球団常勤監査役に就任させるよう不当に地位を要求。取締役として業務を遂行する意欲がうかがえない」などの理由で清武GMを解任。

これを不服とする清武氏が「法的措置を取る」と発表すると、巨人軍と読売新聞グループ本社が清武氏を被告として損害賠償訴訟を提起。清武氏側も読売グループ本社、巨人軍、渡邉氏を相手取り、役員報酬の支払いや名誉毀損《きそん》による慰謝料を請求し、事態は法廷に持ち込まれることになったのだった。

この事件は、時間が経つにつれ、たんに巨人軍のお家騒動と捉《とら》えられてしまった観がある。しかし、その本質には、球団の、ひいてはプロ野球のあり方についての大きな問題を孕《はら》んでいると私は思う。

それでは、清武の乱が提起した問題とは何なのか。巨人軍、そしてプロ野球に何を問うているのだろうか――。

落合解任

その問題を考える前に、清武の乱と関連すると思われる、やはり二〇一一年に起きたふたつの〝事件〟を見ておきたい。ひとつは、落合博満《おちあいひろみつ》・中日ドラゴンズ監督の解任。もうひとつは横浜DeNAベイスターズの誕生である。

二〇〇四年、監督就任一年目でいきなりチームをリーグ優勝に導いた落合は、二〇一一年までの八年間でリーグ優勝四回、二〇〇七年には日本一にも輝いており、一度もAクラスから転落したことがなかった。近年、これだけの成績をあげた監督はほかにはいないだろう。少なくとも中日の歴代監督で落合に匹敵する成績を残した者はいない。

にもかかわらず、落合は解任された。しかも、シーズン途中、逆転優勝に向かって懸命に戦っている最中に発表がなされたのである。

その理由を球団社長は「任期満了に伴い、新しい風を取り入れたい」としているが、それは誰が見ても建て前。むろん、八年間同じ監督が指揮を執れば、マンネリズムに陥る危険性はある。だから、監督は毎シーズン、新たな目標なり、課題なりを明確に掲げるとともに、自らを叱咤《しった》し、成長していく必要があるのだが、今回中日が後任に選んだのは——「新しい風」というからには当然、後任は立浪和義《たつなみかずよし》だろうと思っていたら——なんと七〇歳、しかも二度目の監督復帰となる髙木守道《たかぎもりみち》だった。ということは、真の理由は、多くのメディアが報じているように、「観客動員数の低下」および「球団の財政事情の悪化」なのだろう。

たしかにこの三年間、中日の観客動員数は微減を続けているのは事実のようだ。これに、落合の推定三億七〇〇〇万円の高年俸と、なんとも皮肉なことだが、好成績ゆえの選手およびスタッフの年俸上昇が加わり、落合が監督に就任してから二〇一〇年までの七年間で球団が黒字になったことはなかったという話を聞く。

加えて、落合の物言いや態度が必ずしもファンやメディアの好感を得られなかったこと、さらには中日OBや地元政財界人との付き合いの悪さも、解任の理由の一因になっているといわれる。シーズン中に解任を発表したのはおそらく、もし優勝でもされたらクビを切りにくくなるからというのが理由だろう。

モバゲーの新規参入

一方、横浜ＤｅＮＡベイスターズの誕生は難産だった。

横浜ベイスターズの親会社だったＴＢＳホールディングスは、すでに前年から経営悪化を理由に水面下で売却先を模索。そのなかから一時は住宅設備器機大手の住生活グループとのあいだで譲渡契約が大筋でまとまったかに見えた。

しかし、松沢成文《まつざわしげふみ》・神奈川県知事（当時）が「宣伝のためにやっている」と不快感を表明。さらにオーナーが売却の条件として「本拠地は横浜」「フロント、現場は現体制」などと発言したことから交渉が難航。とりわけ横浜残留がネックとなって──横浜残留となれば築三三年の横浜スタジアムを継続使用することになり、その場合、入場料の二五パーセントがスタジアムの取り分となるうえ、飲食、広告収入も球団には入らない──最終的に決裂した。

そうして新たな売却先として浮上したのが──ナベツネ氏同様、私にもよくわからないが──モバゲーという携帯電話向けゲームサイトを運営する株式会社ディー・エヌ・エーというＩＴ企業だった。

しかし、ディー・エヌ・エーの業務内容が球界にふさわしいものかという疑問が生じたことや短期間で急成長したディー・エヌ・エーの安定性を危惧《きぐ》する声がTBS内からあがったこと、さらに「モバゲー」を球団名にしようとしていることに巨人の渡邉会長が難色を示したことから、やはり一時交渉は暗礁にのりあげた。

しかし、最終的には一二月のオーナー会議の場で、ディー・エヌ・エーの業務内容の健全性に疑問を唱えた楽天を除く一一球団が賛成し、ディー・エヌ・エーの加盟が正式に認められ、七年ぶりに新球団が誕生することになったのである。

清武の乱と落合解任と横浜ＤｅＮＡベイスターズの誕生――これら三つの事件をどう見るかは、立場によってさまざまだろう。とくに巨人の騒動については、双方の言い分に食い違う部分があり、事実そのものが明らかになっているとはいえない。したがって、「どちらが正しく、どちらに非があるのか」は一概に断定することは難しい。

ただ、この三つの事件は、次のような問題をプロ野球関係者とファンに提起したのは間違いない。

「オーナーとはいったい何者なのか？」

「ならば球団は誰のものなのか？」

「もはや名監督は不要なのか？」

オーナーは監督の最大の敵

巨人、西鉄ライオンズ（現・埼玉西武ライオンズ）、大洋ホエールズ（現・横浜DeNAベイスターズ）をいずれも日本一に導き、〝魔術師〟との異名をとった三原脩《みはらおさむ》さんは「監督には三つの敵がいる」と語ったそうだ。

すなわち、「選手」「ファン」、そして「オーナー」である。この三つの敵に負けたとき、プロ野球の監督は「敗北する」と三原さんは考えておられた。私ならこれに「メディア」を加えるが、先の三つに関してはまったくの同感だ。

念のために説明しておくと、第一の「選手が敵である」理由は、監督が掲げたビジョン通りに選手を動かすためには、「この監督についていけば必ず勝てる」と信じ込ませる必要がある。そしてそれは選手との日々の戦いのなかで培われていくものであり、そのためには野球の知識・理論はもちろん、人格・言動・社会的常識などすべての点で選手を凌駕《りょうが》しなければならないという意味である。

次の「ファンが敵」というのは、ファンというものは勝てば神様のように扱ってくれる反面、負ければボロクソに叩《たた》かれるという理由もあるが、それ以上に「選手を甘やかし、勘違いさせる」というマイナス面が大きい。人気チームほどその傾向が強く、まだ若く、たいした実績も残していない選手がファンにちやほやされた結果、「自分は一流である」と思い込み、監督に対して反抗的な態度をとりかねなくなるわけだ。

「メディアが敵である」理由も基本的には同じといっていいだろう。取材源である選手に嫌われれば飯の食いあげになるから選手の批判はしにくい。勢い、批判の矛先は監督に向き、ひどい場合は事実と異なった報道をしたり、捻《ね》じ曲げたりする。それが選手と監督のあいだに溝を生むことが往々にしてあるのだ。

だが、なかでも最強にして最大の敵はやはり「オーナー」であると、清武の乱と落合解任を見て私はあらためて思った（球団社長や代表も、多くは親会社からの出向であり、オーナーの意向をくんでいるという意味で、オーナーと変わりはないといっていいだろう）。なにしろ、選手やファンやメディアは直接監督のクビを切ることはできないが、オーナーは可能なのだから……。だからこそ三原さんは「籠絡《ろうらく》」すること、つまりうまくまるめこんで自分の思い通りに操れるようにすることが大事だと述べたのだ。

球界の不文律を無視した楽天

尊敬する川上哲治《かわかみてつはる》さんはこう語ったことがある。

「監督が代わるのはチームが弱いとき。弱くなったから、監督を代えるのだ」

成績がよかったのに解雇される――そんな事態はかつてのプロ野球の常識にはなかった。

「成績が悪ければ解雇される、成績が向上すれば続投する」というのが、球界の不文律であった。にもかかわらず、落合は解任された。

「おれもそうだったな……」

その報を耳にしたとき　私は自分の体験を落合に重ね合わさずにはいられなかった。

二〇〇六年、前年に誕生したばかりの東北楽天ゴールデンイーグルスの監督に請われて就任した私は、「三年でAクラスに入る」という目標は果たせなかったものの、一年契約を延長してもらった四年目の二〇〇九年にはチームを二位に引き上げた。

「よし、日本シリーズに行くぞ!」

クライマックスシリーズに向けてチームが一丸となりかけた前日に楽天の米田《よねだ》代表が監督室に入ってきた。当然、激励にきたとばかり思っていたら、「今シーズン限りでやめていただきます」と〝解雇通告〟を受けたのである。

落合は解任を知らされたとき、「もう来年のことは考えなくていい。勝ち負けだけに集中すればいいんだ」と気持ちを切り替えられたというが、人間ができていない私には、とてもそんな余裕はなかった。正直いって、やる気が全く失われてしまった。

そのあたりが落合と私の人間としての、また監督としての器の差なのかもしれないが、でも、人は希望があるから前向きになれる。いくらよい結果を出しても来年がないという状況で、誰ががんばろうと思うだろうか。クライマックスシリーズを〝くそったれシリーズ〟と命名したように、私はやけっぱちの気分でシリーズに臨んだのである。

「自分の去就はどうなるのか、早く知らせてほしい」

夏くらいから私は球団に訴えていた。はっきりした回答はなかったが、球団幹部は繰り返しこういった。

「日本一になれば続投はあるかもしれませんよ」

だが、クライマックスシリーズへの出場が確実になっても依然、明確な答えがないばかりか、次期監督の名が何人か取り沙汰《ざた》された。ようやく米田代表から球団の意思表示めいたメッセージが届いたのは、クライマックスシリーズ出場を決めた日のことだ。それは次のような内容だった。

「三位ではダメです。クライマックスの収入がゼロになります。なんとか二位になってください」

「よし、二位になれば続投の可能性があるのだな」

お人よしの私はそう思い込み、実際に二位になった。ところが、シーズン最終戦が行われる直前に私のもとに届いたのは、続投要請でも二位に躍進したことへの評価や労《ねぎら》いの言葉でもなく、「解雇通告」だったのである。

米田代表から解雇を知らされたあと、親会社の楽天の三木谷浩史《みきたにひろし》会長からメッセージが入った。

「きちんと島田《しまだ》（亨《とおる》、オーナー）に話をしてあるから、話をしてください」

それは直接本人からではなく、人を介してのものだったが、「もしかしたらまだ交渉の余地があるのかもしれない」と思った私は、島田オーナーと会合をもった。しかし、島田氏もこう繰り返すだけだった。

「今年で終わりです」

「『二位になってください』という米田代表のあの言葉は、いったい何だったのか……」

その夜、私は仙台にやってきた妻と、明け方までテレビをぼんやりとみつめていた。

楽天とソフトバンクの差

監督就任にあたって、三木谷氏は明言した。

「一から十まで指示してください。その通りに動きます」

でも、結局、それは実現しなかった。三木谷氏の言葉とは裏腹に、補強も思うように進まなかった。幹部が公言していた「現役バリバリのメジャーリーガーの獲得」は果たされなかったし、補強方針について編成部から私に意見を求められることもなかった。

そもそも三木谷氏はチームについては米田代表に丸投げで、それは島田オーナーも同じだった。ふたりとも、球場に足を運ぶことはほとんどなかった。自分がトップを務めるチームに対する愛情が感じられなかった。

対照的だったのが、福岡ソフトバンクホークスの孫正義《そんまさよし》オーナーである。なんと孫氏は、楽天がクライマックスシリーズ進出を決めたとき、一面識もない私に「二位への躍進、おめでとうございます」というメッセージを送ってくれたのだ。その年のホークスは、楽天に抜かれて三位に落ちたにもかかわらず、である。

これは私にとって〝事件〟だった。敵の球団のオーナーからの激励など前代未聞なことだからだ。

楽天フロントの仕打ちにうちのめされていただけに、なおさら孫氏のやさしさが身にしみた。

「真の人格者とは、こういうものなのか」

深く感じ入るとともに、そんなオーナーのもとで監督を務めることができた王貞治《おうさだはる》をうらやましく思ったものだった。

「オーナーが絶えず現場に足を運んで、もっと野球を知ってくれないと……」

江夏豊《えなつゆたか》がそう語ったことがある。オーナーがチームに情熱と愛情を持っていれば、監督や選手は絶対に応《こた》えようと思うものなのだ。二〇一一年、ソフトバンクが落合中日を激戦の末に下して日本一になったとき、ホークスの選手たちは孫オーナーを胴上げした。孫オーナーがチームに強い愛情を持っていることを選手たちが感じ取ったからこその出来事だったと思う。私の知る限りオーナーの胴上げは初めてのことだ。

その上、孫オーナーはビールかけにも参加した。なかなかできないことだと思う。私が見てきたかぎり、オーナーという人種はとかくプライドが高い。たいがいのオーナーは選手のレベルまで下りてこようとしない。プライドが邪魔するからである。だから、優勝を祝うビールかけまでオーナーが参加することは過去にもまったくなかったが、孫オーナーの場合は参加したばかりかビールをかけられて嬉々《きき》としていた。

彼とて、プライドがないわけがないだろう。それをコントロールしているのだ。そこがすばらしいと思う。プライドとは、コントロールするからこそ価値がある。だからこそ、選手は堂々とオーナーにビールをかけられるし、オーナーはそれを素直に喜ぶことができるのだ。あの光景を見て、「ソフトバンクの天下は――今後主力を引き抜かれたとしても――しばらく続くな」と感じたものだ。

逆に、オーナーがプライドをふりかざしたり、チームに愛情を抱いていないと感じられてしまえば、絶対にチームは強くならない。監督はもちろん、コーチや選手の士気があがるわけがないからである。

理想のオーナーとは？

「組織はリーダーの力量以上には伸びない」

これはたびたび私が口にする組織論の原則だ。

とすれば、プロ野球チームの盛衰は、オーナー（およびその代行といえる球団社長や代表）の考え方と姿勢によって大きく左右されるのは間違いない。私は、幸か不幸か、四チームの監督をしてきたが、すべて最下位の弱い球団の監督を任されてきただけに、オーナーの意向がどれだけ球団を良くも悪くもするか、この目で見、体験していた。

一九八〇年、西武ライオンズを最後にユニフォームを脱いで以来、二度とグラウンドに立つことはないだろうと思っていた私を、再び現場に呼び戻してくれたのは、私とは縁もゆかりもないヤクルトスワローズの球団社長を務めていた相馬《そうま》和夫《かずお》氏だった。一九八九年の秋のことだ。

「野村さんの解説や評論を聞いたり読んだりして、〝野球はこうやって戦うものなのだ〟とわかった。うちの選手にそれを教えてやってほしい」

そういって監督就任を要請してきた相馬社長に、私は訊《たず》ねた。

「一年目は土を耕し、二年目に種を蒔《ま》いて育てる。花を咲かせるのは三年目です。それまで待ってもらえますか？」

「監督を代えたからといって、すぐに強くなるとは思っていない。急がずにチームを育ててください。好きなようにやってください」

相馬社長はそういってすべてを任せてくれた。

じつはヤクルト球団関係者は必ずしも私を適任と思っていたわけではなかったらしい。が、相馬社長は「結果が出なかったら私もやめる」と言って、補強や人事についても全面的に私をサポートしてくれた。桑原潤《くわはらじゅん》オーナーもそれを認め、一切口を出されなかった。だからこそ、私は周囲の雑音に悩まされることなく、三年目にリーグ優勝、四年目には全盛を誇った西武を破って日本一になることができたのである。おふたりの力添えがなければ、絶対に不可能だったと思う。

こうしたオーナー（および球団社長）のもとであれば、喜んでもらおうと監督は持てる力をすべて野球に注ぐことができる。それは監督の真の力量を問うことにもなるわけで、評価が明確になり、おたがいにとってプラスが大きいはずだ。監督業を二四年もやったが、ヤクルトでの九年間が一番充実感があり、やり甲斐《がい》があった。

ところが、現実にはそういうケースはまれであることにほどなくして私は気づかされることになったのである。

オーナーの意識がチームを良くも悪くもする

一九九九年、私はやはり縁もゆかりもない阪神タイガースの監督就任要請を受けた。当時の阪神は一九八六年に三位になって以降、九二年を除いてすべてBクラス。それも最下位が定位置といってもよかった。しかし、ヤクルトでの九年間の経験とノウハウがあった私には、それなりの勝算があった。

ところが、ご承知の通り、在任三年間でとうとう一度も定位置を抜け出すことは叶《かな》わなかった。その第一の原因はもちろん、私の力不足であるが、もうひとつ、球団の姿勢、言い換えればオーナーの姿勢が影響していたのも事実である。

結果が出ない状態が続いていた頃、はるか昔、私が南海ホークスにいた頃、オープン戦のための移動の列車内で乗り合わせた阪神の営業担当者に聞かされた話を何度となく思い出したものだ。

「野村くんなあ、うちにとっていちばんありがたいのは、巨人とずっと優勝争いをして、最後に負けることなんだよ」

意味がわからず、怪訝《けげん》な顔をしていた私に、その人はこう続けた。

「優勝を逃せば、選手の給料をあげなくてもいいからな」

そのときは「そんなものなのかな」と感じただけだったが、監督になってあらためて思ったものだ。

「あのときの話はこういうことだったのか。体質というのは変わらないものなのだなあ……」

阪神という球団のトップは、「口は出すが情熱は出さない」の典型だった。監督を代えるだけでチームは強くなると考え、補強や人事に対する援助には消極的。結果が出ないとすぐクビを切る。その繰り返しが阪神の歴史だといえた。したがって、お家騒動も日常茶飯事だった。

「いま、タイガースはどん底の状態にある。一からスタートするにあたり、監督にふさわしいのはあなたしかいない」

当時の久万《くま》俊二郎《しゅんじろう》オーナーはそういって私に対し、「全面的バックアップ」を約束してくれたはずだったが、それが現実になっているとはとても思えなかった。ヤクルトが私の意見を一〇〇パーセント受け入れてくれたとすれば、阪神はせいぜい一〇パーセントもないくらいだった。

孤立無援の状態にたまりかねた私は、オーナーに面会を求めた。辞意を伝えるためである。すると、オーナーは慰留して、「できることは協力するから」という。「それならばこの際――」と、私ははっきりと言ってあげた方がいいと思い、

「チームが低迷している原因は、オーナー、あなたです」

そうしていかにトップの考え方と姿勢がチーム強化に直結するか訴えた。

「おいしい話や気持ちのいい話ばかりをいつも周りから聞かされて、オーナーは耳がおかしくなっているんじゃないですか？」

オーナーともなれば、そうそう直言してくれる人はいないだろうと思い単刀直入に話した。

会談は三時間半にもおよんだ。そのときは明確な言質《げんち》はとれなかったが、あとで聞くところによれば、オーナーはこういったそうだ。

「野村のいうことはいちいち腹が立つけれど、考えてみればもっともだ」

私の退団後、金本知憲《かねもとともあき》や伊良部秀輝《いらぶひでき》を獲得し、有力新人にも積極的にアプローチするなど阪神が補強に力を入れるようになり、編成の人事も含めた体制が大きく変わったのはそれからだった。私のあとを継いだ星野仙一《ほしのせんいち》監督のもとで優勝したのは、星野の力量も――政治的なものも含めて――さることながら、オーナーの意識が変わり、フロントの体制が大きく変わったことが大きいと思う。

渡邉氏の「江川助監督」は正しいか

その意味で、私は巨人の渡邉氏を一概に否定はしない。久万オーナーとの会談でも私はいった。

「もはや戦略・戦術だけで勝てる時代ではありません。強いチームをつくるには、お金がかかるのです、その選手が一〇年にひとりの選手なら、何億つぎこんだってすぐにもとはとれる。『巨人が一〇億出すというなら、うちはその倍出す』というくらいの気概をもってください」

すると、にわかに色めき立った久万氏は反論した。

「じゃあ、きみは巨人のやり方が正しいというのかね！」

「ええ。ある意味では正しいと思います」

私はきっぱりいった。

補強に力を入れるのは、なんとしてもチームを強くしたいという意欲の表れにほかならない。その意味で、湯水の如《ごと》く資金をつぎ込み、毎年のように大型補強を敢行している巨人の姿勢は、決して間違っていない。

むろん、二〇〇三年に辞任した原辰徳監督に代わって堀内恒夫《ほりうちつねお》新監督が就任したのを

「読売グループの人事異動だ」と発言したり、二〇〇四年にプロ野球再編騒動が勃発《ぼっぱつ》したとき、オーナー側との会談を要求した当時の古田敦也《ふるたあつや》選手会長に対して「無礼なことをいうな。分をわきまえないといかん。たかが選手の分際で」との暴言を吐いたとされることは大いに問題がある。

しかし、「プロ球団経営にはお金がかかる。選手の年俸も上げなければいけない」と語って大金を惜しまない渡邉氏を、「やり方がえげつない」とか「強くなるためには何をしてもいいのか」という論理で批判・非難するのは、それができない者たちのやっかみやねたみにしか私には聞こえない。少なくとも、巨人におんぶにだっこでやってきたようなチームのオーナーよりもはるかにましである。江川卓を巨人の助監督に招聘《しょうへい》しようとしたのも、低迷傾向にある巨人の人気回復を狙った（元選手を商品としてしか見ていないのかという批判はあるかもしれないが）、いわば企業努力の一環と考えられる。

カネのつぎ込み先が的を射ているかどうか、ほんとうにチームにとってよい効果をもたらしているのかどうかは別問題だ。自分がトップを務めるチームに対する渡邉氏の情熱と実行力には敬服する。のちに述べるつもりだが、いっそのことコミッショナーに推したいくらいである。

渡邉氏が巨人に関わるようになったのは、奇《く》しくも一九七八年に〝江川騒動〟が持ち上がったときで、当時読売新聞の編集局総務だった渡邉氏は、務台光雄《むたいみつお》社長の命を受け、小《こ》林《ばやし》繁《しげる》に対して、江川とのトレードで阪神に移籍するよう説得したのがはじまりだったという。ところが、巨人のエース的存在だった小林の顔を知らず、隣に座っていた代理人に向かって懸命に話していたそうだ。渡邉氏自身が語っている。当然、野球のルールも知らず、はじめて後楽園《こうらくえん》球場に観戦に訪れた際には、ホームランとスタンドに飛び込んだファールの区別すらつかなかったらしい。

しかし、江川騒動の際には徹底的に野球協約を読み込んで勉強したというし、その後は球場にもたびたび足を運んでいるようだ。正力松太郎《しょうりきまつたろう》氏の時代から、巨人が一貫して球界の中心にい続けられたのは、代々のトップがチームに対して深い関心を抱き続けてきたという事実も小さくないと私は思う。

オーナーとGMはよく話し合え

チームへの愛情という点では、おそらく清武氏も同様だったのではないか。ただ、その表し方、言い換えれば常勝を義務づけられたチーム強化に対する考え方が、渡邉氏とは食い違った。

渡邉氏が他球団の主力を引き抜き、手っ取り早く結果を出すことを求めたのに対し、清武氏は、オークランド・アスレティックスのビリー・ビーンというGMを描いた『マネーボール』という映画でも知られることになった、「セイバーメトリックス」に代表されるアメリカ流の数値評価システムを導入し、合理的に選手を獲得・育成することで常に優勝争いをできるチームを目指そうとした。清武氏は育成路線の成果として、〇八年の山口鉄也《やまぐちてつや》、〇九年の松本哲也《てつや》、一〇年長野久義《ちょうのひさよし》、一一年澤村拓一《さわむらひろかず》と四年連続で新人王を出した。

だがそこに、今回のお家騒動の根本があったように私には見える。その違いを端的に物語っていたのがヘッドコーチをめぐる人事だったのではないか。

個人的な意見をいえば、清武氏が渡邉氏に来季の人事構想を提出し、承認されたというのが事実ならば、それにケチをつけた渡邉氏側のほうに問題があるとは思うが、オーナーが現場に介入（という言葉が悪ければ、関心を持つと言い換えてもいい）すること自体は、必ずしも悪いことではない。それは一種の愛情の表れであり、野球好きなオーナーであれば、自分なりの意見もあろう。

だが、独断で現場を従わせるのは間違っている。オーナーも監督も、結果として目指すところは同じのはずだ。第一の目標は勝つことだろう。ならば、意見が食い違うときは話し合えばいい。オーナーにしろ、GMにしろ、いつも絶対的に正しいことはありえない。判断を誤る場合もある。だからこそ、おたがいの意見（場合によってはもっと広くの意見）を聞く必要がある。上に立つ人間はそれくらいの度量を持ってしかるべきだろう。そのうえでリーダーが自分自身で取捨選択すればいいだけの話だ。

ソフトバンクで起きた〝投手移籍事件〟

私は、「ソフトバンクの天下は当分続く」と思っていたのだが、その後、とんでもない〝事件〟が勃発した。ダントツのリーグ優勝、そして日本一の原動力になった先発四本柱のうち、なんと三人が移籍してしまったのだ。

一六勝五敗、防御率一・五一の和田毅《わだつよし》。一九勝六敗、防御率二・一九のD．J．ホールトン。そして、二〇一一年は八勝七敗に終わったとはいえ、防御率は一・九四をマーク、ふつうなら一五勝は期待できる杉内俊哉《すぎうちとしや》。来季はざっと五〇勝が失われる計算となる。

メジャー挑戦を口にしていた和田と、外国人のホールトンの流出はある程度予想されていたから、やむをえない部分はある。けれども、メジャーに興味を示していなかった杉内を巨人にさらわれたのは、大いに問題だろう。なにしろ、その理由がチームの編成を取り仕切っている小林至《こばやしいたる》取締役の心ないひと言が原因というのだから……。

知っておられる方も多いと思うが、小林氏は東大野球部の出身だ。ピッチャーとして千葉ロッテマリーンズに入団、引退後は渡米してMBAを取得。以降、スポーツビジネスに携わり、大学教授を兼務しながら、ソフトバンクの取締役に就任。編成・育成を担当することになったと聞いている。

その小林氏が、前年の契約更改の際、杉内にこう言い放ったというのである。

「きみがFAになっても、必要とする球団はない」

これが杉内のプライドを大きく傷つけたとされる。ソフトバンクからは巨人を上回る条件提示があったらしいが、杉内は「心も身体も削って投げられるのはどちらのチームか考えた」末、巨人を選択した。小林氏のひと言でソフトバンクは、人一倍チームに対して愛着を感じていた地元・福岡出身のエースをみすみす手放すことになったのである。ソフトバンクでは、他にも、それまで一五年間ホークス一筋だった柴原洋《しばはらひろし》外野手が小林取締役の姿勢に激怒して球団を去ったとされる。

はたして、孫オーナーと球団フロント陣はこれからどのような対応をするのか——それは「オーナーは何者なのか、球団は誰のものなのか」を考えるうえで、ひとつの試金石になると私は思っている。

名監督不要の時代

話を戻せば、チームに対するオーナーの姿勢は先にあげたもうひとつの問題、すなわち「名監督は不要なのか？」「球団は誰のものか？」ということとも関連する。

リーグ優勝を果たしながら落合が解任された一方、北海道日本ハムファイターズで栗山《くりやま》英樹《ひでき》、かつてその日本ハムのGMだった高田繁《たかだしげる》をGMに迎えた横浜DeNAで中畑清《なかはたきよし》という、これまで監督を経験したことのない人物（中畑はオリンピック代表を率いたことはあったが）の監督就任が発表された。

栗山の場合はコーチの経験すらない。横浜の監督候補も、やはり監督やコーチ経験のない工藤公康《くどうきみやす》や桑田真澄《くわたますみ》が有力視されたし、あろうことか新庄剛志《しんじょうつよし》の名前があがったこともあった。他方、中日の後任となったのは――巷間《こうかん》いわれているように、次期監督候補とされる立浪へのつなぎだったとしても――監督としての実績は落合よりはるかに劣る高木守道である。

いったい、こうした現実が示すものとは何か――プロのチームというものは必ずしも勝つ必要はないということ、そのための名監督はもはや必要ないということを物語っているように私には思える。

誤解なきようにいっておけば、監督になる人間にとって、コーチや二軍監督の経験が必要だとは私は考えていない。現に私はコーチの経験がない。むろん、積んでおくにこしたことはないだろうが、絶対条件ではない。

必要なのはむしろ、外から野球を見ること、チームを離れて、グラウンドの外部から客観的に見ることだと思っている。その点、栗山にしろ、中畑にしろ、桑田にしろ、新庄にしろ、問題ないし、工藤にしても一年間は現場からは距離を置いていた。

ただし、球団は選考にあたってどれだけ彼らの目指す野球観や野球に対する知見、理論、選手育成などチーム管理についての考え方を考慮したのか。それよりも重きを置いたのは、彼らの持つイメージやムード、人気、そしてOBや地元の有力者やフロントと軋轢《あつれき》を生じさせないといった部分ではなかったか。

しかし、プロ野球の現状を考えたとき、監督の人材不足の時代といってよい。後継者が全く育っていないのが現状である。

横浜DeNAの中畑監督の今後

むろん、プロの監督である以上、OBや有力者との関係はともかく、対ファンという部分は非常に大切だ。じつは、プロの監督としての落合に欠けているものがあるとすれば、私はこの点だと感じていた。ファンやメディアの関心をチームに向けさせるのは、野球にかぎらずプロチームの監督としての仕事のひとつであり、義務であるからだ。

「勝つことが最大のファンサービス」

それが落合のモットーだという。それは正しい。が、それだけではプロの監督としては失格なのだ。プロである以上、ファンの感動を喚起し、夢を抱かせなければならない。いくら強くても、ファンが球場に足を運んでくれなければ、商売が成り立たない。プロの監督は、ファンの存在を忘れてはならないのだ。監督たる者、広報も兼ねていることを忘れてはならない。

監督時代、私は連日のようにぼやいたものだが、これもファンの関心を煽《あお》ることが目的のひとつであった。私がぼやくことでメディアの露出が増え、ファンの注目が集まる。結果としてチームの人気も上がる。そういう狙いがあった。

とはいえ――球団が、つまりはオーナーやGMがファンへのアピール力だけを監督の条件とするのは、監督として命を賭《と》して戦ってきた私には納得がいくものではない。

たとえば、横浜ＤｅＮＡの監督として迎えられた中畑は、野球に対する情熱は認めるものの、現代野球に必要不可欠な理論性、緻密《ちみつ》さ、データの活用といった要素からは――あくまでもイメージだが――もっとも遠いところにいるといわざるをえない。

事実、一九九三年だったか、巨人の打撃コーチを務めたシーズン、巨人のチーム打率はリーグ最低を記録し、翌年は走塁コーチか何かに配置転換されたのではなかったか。アテネ五輪のときも、アメリカが不参加でライバルはキューバだけというのに、準決勝でオーストラリアにまさかの敗戦。銅メダルは死守したとはいえ、主将だった宮本《みやもと》は「九戦全勝を目指して最初から全力で行ってしまい、最後の最後で息切れしてしまった。やっぱり考えて戦う必要がある」と述懐している。

むろん、コーチと監督はまったく違うし、アテネのときは急遽長嶋《きゅうきょながしま》のピンチヒッターを務めることになり、選手選考も含めて、望むような条件が揃わなかったのも事実だろう。

ただ、そうしたことを差し引いても、中畑の監督としての資質には疑問符がつく。にもかかわらず、中畑を監督に据えたということは、新球団のオーナーとなるＤｅＮＡの春田《はるた》真《まこと》会長が参入決定後の記者会見で語っていた、「三年以内にクライマックスシリーズに進出し、五年以内に優勝できるチームにしてほしいと、GMには申し上げたい」との言葉に反するものではないのか。

むろん、純粋に「監督としての能力」を問わない監督選びは昔からあった。典型的なのが現役時代に華やかなスターだった元選手が昇格するケースだ。具体的にいえば長嶋茂雄《しげお》や村山実《むらやまみのる》、田淵幸一《たぶちこういち》といった監督があげられる。何よりもタレント性を重視する選び方である。適当なOBを順番に監督に据えるというやり方もよく見られた。

が、近年はとりわけ人脈がモノをいう監督選考が非常に多くなっているように見える。すなわち、オーナーをはじめ、有力OBや地元の有力後援者と強いコネクションを持つ人物が選ばれるケースである。

能力を第一に問うことがないから、よい成績を残せず、ほとんどの監督が短命に終わる。新しい監督を据えても能力をそれほど問わない以上、長くチームを任せるのは不安だから契約年数は短くなり、そのため監督は目先の勝利や保身ばかりを考えるようになって、当然、後継者も育たない。その結果、能力を問おうにも監督候補の人材が払底してしまい、ますます能力が問われることがなくなる……そんなマイナスのスパイラルに陥りつつあるような気がしてならないのだ。現在のプロ野球は悪い方向へ進んでいるように感じてしまうがない。監督の人材不足、名選手の大リーグへの流出など、身近な問題を考えてもそうだ。

後継者養成システムが強いチームをつくる

強いチームには一種の「監督養成システム」ともいうべきものがある。かつての巨人がまさしくそうだった。水原茂《みずはらしげる》―川上哲治―長嶋茂雄―王貞治という流れができていた。

南海の監督だったとき、川上さんからトレードの申し込みがあり、交渉に赴いたことがあった。驚かされたのは、まだ選手だった長嶋が同席したことだった。その理由を川上さんはこう語った。

「長嶋はいずれ巨人の監督になる男です。いまのうちからトレードとはどういうものか、経験させておきたいのです」

つまり、巨人という球団は代々、次期監督候補者に帝王学を――残念ながら、こと長嶋にかぎってはそれは無駄だったようだが――学ばせていたわけだ。

じつは南海もそうしたシステムが確立する可能性があった。長年南海の指揮を執った鶴《つる》岡一人《おかかずと》さんの後継監督となった蔭山和夫《かげやまかずお》さんは、「自分は野村《のむら》までのつなぎ」と自認しており、「おまえはそのあいだ、将来監督になるという心づもりで毎日を送れ」と伝えるつもりだったという。

ところが、監督になって数日後に急死したため、そのメッセージは私に伝わることなく、予定より早く監督のお鉢が回ってきた私には、後継者養成ということなど考える余裕はなかった。結果的に、そこから南海の凋落《ちょうらく》ははじまったのである。

この後悔があったから私は、ヤクルトの監督に就任するとき、オーナーに訊ねた。

「私の次は誰を監督にするつもりですか？」

自分が監督になるときに、次の監督について問いただしたのはおそらく私だけだろう。

「まあ、そんなことは気にせず、やってください」

オーナーは明言しなかったが、二年目だったか、解説者をしていた若松勉《わかまつつとむ》がコーチとして呼び戻され、相馬社長から「教育してやってくれ」といわれた。

「じゃあ、次は若松ですか？」

私が問うと、

「いや、まだ決めていないが」

と言葉を濁したが、もちろん私はわかっていた。

「次は若松だな」

だから私は、若松、そしてその次が確実だった古田に対してはそれなりの接し方をしたつもりだし、いまは若松と同じく外部から呼び戻された荒木大輔《あらきだいすけ》、そして現役の宮本慎也《みやもとしんや》が監督学ともいうべきものを身につけつつあるはずだ。近年のソフトバンクもそんなシステムができつつあるように見える。

では、先ほど述べたような監督選びの負のスパイラルを断ち切り、しかるべき人物を監督に据えるには何が必要なのか――やはり、オーナーの度量と胆力なのだ。

オーナー自らが（あるいは全権を任せたGMが）「これぞ」と思われる監督を選んだのなら、あくまでも彼を信頼し、たとえすぐに結果が出なくても、チームがつくられ、実を結び、花を咲かせるのをじっと待つくらいの胆力を持つべきだと私は思う。その過程でもし監督に対して逆風が吹いたなら、毅然《きぜん》とした態度で守ってやるくらいの愛情を注いでほしい。

それは監督経験者としての私のわがまま、もしくは甘えなのだろうか。だが、オーナーがそれくらいの度量を示してくれれば、監督は（もちろん選手も）意気に感じ、絶対に結果を出してやろうとがんばるし、目先の勝利にこだわることなく、じっくり腰を据えてチームづくりに取り組むことができる。それが結果的にある程度の長期政権につながることで、そのあいだにしかるべき後継者も育つという正のスパイラルも生まれてくるはずなのだ。

球団は文化的公共財

ＤｅＮＡの参入について、加藤良三《りょうぞう》コミッショナーは、「世相を映して新しいファンを開拓してほしい」とエールを送るとともに、こういった。

「野球は文化的公共財」

つまり、プロ野球のチームを持つということは、単なる利潤追求や親会社の宣伝が目的であってはならず、国民の文化的財産を管理する責任があるということである。言い換えれば、球団はオーナーや親会社だけのものではないという意味であろう。そう、球団は地域住民をはじめとするファンのものでもあるとコミッショナーはいったのだ。

しかし、春田会長からはこれに対して何の反応も聞かれなかった。それどころか、会見に同席した守安功《もりやすいさお》社長からはこうした発言があったそうだ。

「うちは二〇〇億円の宣伝費を使っている。これをいうとまた『宣伝目的の買収』といわれるのだろうが、当然、宣伝効果はある」

じつは楽天がＤｅＮＡの参入に執拗《しつよう》に反対したのも、新聞によれば、健全性に対する疑問は建て前で、二〇〇五年にＴＢＳ株の買い占めに失敗したこと、三木谷会長とＤｅＮＡ創業者のあいだに個人的にいざこざがあったことが原因になっているらしい。

とすれば、こちらも「野球は公共財である」という重みをまったく理解していないといえる。が、こうした意識を欠いているのは、ふたりだけにかぎらない。渡邉氏をはじめ、日本のプロ野球オーナーの大半が球団は私物、宣伝媒体だと捉えている。そこにはファンがどう感じるかという視点がない。プロ野球は人気商売でもあることを忘れているのだ。

しかし、奇しくもＪリーグが証明したように球団の、ひいてはプロ野球の発展には、地域密着が必要不可欠だ。地域密着とは、言い換えれば、地域の人々に「自分たちのチーム」と感じてもらうことである。そして、そのためには人気やイメージ、さまざまなファンサービスが必要だが、なにより勝つ喜びを知ってもらうことが大切だと私は思う。

そのためには、オーナーが自分の球団の損得や利害だけに腐心するのではなく、広い視野を持ち、大局的な見地からプロ野球全体を見渡し、どうすることが球界の発展につながるのかを考えて行動をとるべきではないか。

二〇〇四年、近鉄バファローズとオリックスブルーウェーブの合併に端を発した球界再編騒動が持ち上がったとき、これに反対する選手会はファンも巻き込んで日本初のストライキを決行した。結果、二リーグ一二球団制は維持された。しかし、オーナーたちの意識までは変えられなかった。

プロ野球が抱える問題の火種は、くすぶり続けたのである。それが二〇一一年、清武の乱、落合解任、そして横浜ＤｅＮＡの参入という三つの事件を契機として再び火を噴いた。その火がどこに向かうかが、プロ野球の将来を大きく左右することになるだろうと私は思う。

そして、その行方は、今度こそオーナーたちが「野球は文化的公共材」という見地に立って判断し、行動できるかにかかっているはずだ。

第一章　プロ野球を変えた重大事件

“ON砲”ならぬ“NN砲”が誕生していた？

歴史において「もし」「たら」「れば」を論じても詮無《せんな》いことは百も承知だが、あえてそういう話からはじめさせていただきたい。

「太陽の下で咲くひまわりと人の見えないところでひっそりと咲く月見草」

「ひらめきに頼るカンピューター野球と理詰めのＩＤ野球」

「天才と努力の人」

同じ学年でありながら、かくも対照的な長嶋茂雄と私であるが、もしかしたら同じチームでプレーしていた可能性があったというのは、年配の野球ファンならご存知だろう。というより、ほとんどそうなることが決まっていた。ドラフトがなく、自由競争の時代。長嶋はプロ入り直前まで、巨人ではなく、私のいた南海ホークスに入団し、グリーンのユニフォームを着ることが確実視されていたのである。

にもかかわらず、いったいなぜ、長嶋は南海ではなく、巨人に入団することになったのか――。

結論からいえば、わずか三〇万円が運命の分かれ目だった。

最初に長嶋に注目したのは巨人だったという。千葉県・佐倉《さくら》一高のときにプロ入りを持ちかけたが、このとき長嶋は父親の「大学に行け」との言葉に従い、断った。そうして立《りっ》教《きょう》大学に進学した長嶋は、砂押邦信《すなおしくにのぶ》監督の猛練習で鍛えられ、同期の杉浦忠《すぎうらただし》、本屋敷錦《もとやしききん》悟《ご》とともにリーグ戦四連覇を達成し、黄金時代を築く。長嶋自身も当時の新記録となる通算八本塁打をマーク。プロ最注目の選手に成長した。

当然、激しい争奪戦が展開されたが、今度は南海がリードした。当時の南海には立大の先輩である大沢啓二《おおさわけいじ》（当時は昌芳《まさよし》）さんがいたからである。そもそも大沢さんが南海に入団したのも、〝長嶋対策〟だった。鶴岡一人監督は大沢さんに明言したそうだ。

「きみを獲るのは、もちろんきみを評価していることもあるが、それ以上に長嶋と杉浦がほしいからだ」

大沢さんは当時二年生だった長嶋と杉浦をすぐさま呼びつけていった。

「おまえらも南海に来い」

「わかりました」

即答したふたりに対して、南海は月額二万円の小づかいを卒業まで支給したといわれる。

大沢さんがその運び役を務めていたことを私は知っている。大卒の初任給が一万五〇〇〇円程度だったころの二万円だ。それなりの大金である。二〇〇七年、西武ライオンズがアマチュアの有力選手に「栄養費」と称して小づかいを渡していたことが発覚したことから、いまはこうした行為は禁止されているが、昔は広く行われている慣習だった。

とはいえ、当時でも明確なアマチュア規定違反である。それを知りながら受け取りを拒否しなかったという事実は、長嶋も杉浦も南海入りに同意していたと考えていい。だいたい、プロ入りに積極的ではなかった杉浦に南海入りを勧めたのは長嶋だったらしい。私が合宿でたむろしていたある日のこと、大沢先輩が帰ってきてこういったのを憶《おぼ》えている。

「おい、長嶋が来るからよろしく頼むぜ」

「へえ、長嶋が来るのか。となると、おれはせっかく奪った四番の座を譲らなければいけないのかな。こいつはチームがガラッと変わるな」

そのとき、私はそう思ったが、幸か不幸か、そうはならなかった。そこにはいかなる理由があったのか。いったい、三〇万円とは何だったのか——。

三〇万円の正体

遅れをとっていた巨人が猛烈に巻き返しに出たのは事実である。巨人は長嶋本人ではなく、家族から切り崩していったようだ。提示した契約金も当時としては破格の一八〇〇万円だったといわれる。

ずっとのちの話だが、やはり東京六大学のスターで、通算本塁打記録を塗り替えた慶應《けいおう》義塾大学の高橋由伸《よしのぶ》の争奪戦が繰り広げられたことがあった。そのとき、私はヤクルトの監督だったが、当時の片岡宏雄《かたおかひろお》編成部長がやってきて、うれしそうにいった。

「監督、来年は高橋が来てくれますから」

「おお、それはよかったなあ」

私も楽しみにしていたら、高橋が会見を開いて「巨人にお世話になります」。どうやら巨人は高橋の父親を攻め落としたらしい。会見をテレビで見て、「巨人のやり方はいつもそうだったなあ……」と、長嶋のことを思い出したのを憶えている（奇《く》しくも片岡は長嶋の立大の後輩で、杉浦とバッテリーを組んでいた）。つまり、いつもほかの球団に競わせるだけ競わせたのち、最後に出てきて、横からさらっていくのである。「あそこはいくら出すといっていますか？　うちはその倍出しましょう」といって……。

ただし、長嶋の契約金はじつは南海のほうが高かった。のちに長嶋自身がそう語っている。ところが南海は、その契約金からすでに渡してあった栄養費を「差し引く」と告げたのだという。その額が総計で三〇万円だったというわけだ。

まさか契約金の前渡しだとは思っていなかった長嶋は、いっぺんで幻滅したらしい。当時の三〇万円はそれなりに大金ではあったが、のちに長嶋がもたらす利益を考えれば、ただに等しい。目先の微々たる損得にとらわれて、南海は長嶋という不世出のスーパースターをみすみす逃すことになったのだ。

その時の様子を大沢さんが著書『球道無頼』にこう書いている。

長嶋のやつ、突然、土下座してな、こう言いやがる。

「申し訳ありません。これまで、さんざんお世話になっておきながら……。僕を巨人に行かせてもらえませんか。お願いします」

すでに涙声でな。言葉が震えていたよ。

一瞬、シーンと部屋中が静まり返った。

俺ももしかしたらと予想はしていたけどな、現実に目の当たりにすると、頭の中は真っ白よ。気がつきゃ、でかい声を張り上げていた。

「なぜだ。理由を言え！」

「申し訳ありません」

なにを聞いても同じ答えよ。長嶋は土下座したまま、そう繰り返すだけだった。

「そりゃねえだろう。男同士の約束だったじゃねえか」

いつしか俺も泣いていたよ。


南海が逃したのは、じつは長嶋本人だけではない。長嶋によって附随的にもたらされるすべてを逃すことになった。もし長嶋が南海に入団していたらどうなっていたか――まず、当然のことながらON砲は誕生していない。そうなれば巨人の九連覇もありえなかっただろうし、逆に長嶋と私の〝NN砲〟を擁することになった南海が球界の盟主の座をほしいままにしたかもしれない。〝NN砲〟が引っ張る強力打線の援護があれば、エースの杉浦だってあれほど酷使されることはなく、もっと長く現役を続けられ、成績を伸ばしたに違いないのである。

また、長嶋と対戦するために阪神に入ったといわれる村山実は、パ・リーグのチームを選んだかもしれないし、江川卓がそうだったように、長嶋にあこがれて南海入りを希望する高校生や大学生も続出したはずだ。そもそも「巨人軍は永久に不滅です」というあの有名な引退あいさつはどうなっていたか……。

そうやって想像していくと、長嶋の突然の進路変更は、巨人と南海、ひいてはセ・リーグとパ・リーグの、いやプロ野球の運命を変えたといっても過言ではない。それどころか、長嶋が戦後日本を代表するヒーローになったことを考えれば、日本という国自体のその後を大きく変えるほどの大事件だったといえないこともないだろう。

もっとも、「両雄並び立たず」のたとえどおり、長嶋と私が同じチームでうまくいったという保証はなく、きっと私のほうが斥《しりぞ》けられるハメになっていたと思うのではあるが……。

別所引き抜き事件

閑話休題。

そんな因縁を生んだ巨人と南海の対決は、意外と早くやってきた。長嶋が入団して二年目、一九五九年の日本シリーズで激突することになったのだ。

長嶋と杉浦は前年、ともに新人王を獲得。このシーズンも、長嶋は打率三割三分四厘で首位打者に、杉浦はじつに三八勝（四敗）をあげてMVPに輝き、それぞれリーグ優勝の原動力となっていた。

そんなふたりの因縁の対決に注目が集まったこのシリーズだが、南海にとっては絶対に負けるわけにはいかない理由がもうひとつあった。私がプロ入りする前のことだが、これもプロ野球の重大事件のひとつに数えられるから、ここで紹介しておこう。いわゆる〝別所引き抜き事件〟と呼ばれるものがそれである。

まだ一リーグ制だった一九四九年のことだ。別所毅彦《べっしょたけひこ》（当時は昭《あきら》）さんは南海の大エースで、一九四七年には三〇勝をマーク。翌四八年も二六勝をあげて優勝の立て役者となった。しかし、当時から南海の待遇は他球団に較《くら》べ劣っていたようで、別所さんは不満を持っていたという。そこに目をつけたのが、例によって巨人。五年間も優勝から遠ざかっていた巨人は好条件を提示、南海が別所さんと交渉中であったにもかかわらず、強引に契約を進めてしまった。

むろん、南海は契約は無効であると抗議したが、結局コミッショナーの裁定により、巨人への移籍が認められ（コミッショナーも当時から巨人に甘かった！）、代わりに巨人に制裁金一〇万円、別所さんには開幕から二ヵ月の出場停止のペナルティが科せられ、事件は一応の決着を見たわけだが、巨人軍関係者はこう言い放ったという。

「別所が活躍しなくても、そのぶん南海が弱くなればかまわない」

結果として一九四九年は巨人が優勝し、南海は四位に転落。翌年の二リーグ制移行後も、日本シリーズで南海は巨人に四連敗を喫することになった。だからこそ、なおさら南海はこのシリーズでは巨人に負けるわけにはいかなかったのである。

杉浦、奇跡の四連投四連勝

さて、その日本シリーズは一〇月二四日、南海の本拠地だった大阪球場で幕を開けた。南海の先発はもちろん杉浦。一方の巨人は、その年二七勝をあげたエースの藤田元司《ふじたもとし》さんを温存、左腕の義原武敏《よしはらたけとし》を立てたが、南海は初回から猛攻を浴びせ、五点を先取。三、五、七回にも加点する。杉浦は指のマメをつぶして降板する八回まで三失点とまずまずのピッチング。その後リリーフが打たれ、ヒヤッとさせられたものの、一〇対七でなんとか逃げ切り、南海が先勝した。

第二戦は長嶋のツーランで巨人が先制したが、南海は四回に巨人の先発・藤田さんを攻略して逆転。五回からは杉浦を投入し、そのまま逃げ切って連勝する。

一日空けて後楽園に舞台を移して迎えた第三戦は、杉浦・藤田のエース対決となった。杉浦は初回、長嶋にタイムリーを浴びて一点を失うが、二回に私がツーランを放って逆転。その後両投手が譲らぬ投手戦が演じられたが、九回、杉浦が坂崎《さかざき》に同点ソロを献上、さらに一死一、三塁の大ピンチを招いてしまう。続く森昌彦《もりまさひこ》（現・祇晶《まさあき》）の当たりは浅いライナーとなって左中間へ。これをうまくさばいた大沢さんの歴史に残る本塁への好返球で、三塁ランナーの広岡達朗《ひろおかたつろう》さんはタッチアウト、延長へ突入する。南海は一〇回に寺田《てらだ》のタイムリーで勝ち越し。杉浦がその裏の巨人の攻撃を抑え、ついに王手をかけた。

翌日は雨。一日順延された第四戦はまたも杉浦・藤田の投げ合いに。試合をリードしたのは南海。三回に杉山のタイムリー二塁打で先制すると、七回に二点を追加。守っては杉浦が、四連投が嘘のような超人的なピッチングで巨人打線をシャットアウトし、南海は四連勝という完璧《かんぺき》な勝ち方で悲願の打倒巨人を果たしたのである。

先輩たちはみな泣いていた。それまで日本シリーズで四連敗していただけに、よほど感激したのだろう。巨人にやられつづけていた鶴岡さんにとってはまさしく感無量だったと思う。二〇万人が集まった翌々日の御堂筋《みどうすじ》で行った優勝パレードは〝涙の御堂筋パレード〟と呼ばれることになった。

もっともプロ入り五年目、初の日本シリーズ出場だった私には、あっさり四連勝してしまったこともあり、それほど大きな感激はなかった。この先、何度も優勝できると思っていたこともある。文句なしのMVPを獲得した杉浦もどうやら同じ気持ちだったようで、先輩たちの狂喜する姿を横目に見ながら「そんなにうれしいかい?」とボソッとつぶやいたのを憶えている。

巨人と南海の立場が逆転し、巨人というチームの凄《すご》みを思い知らされるのは、まだ先のことだった。そして、振り返れば、そのきっかけとなったのは一九六一年の日本シリーズだった。

プロ野球の潮流を変えた一球

意外に思えるかもしれないが、昭和三〇年代に入ってから、すなわち一九五五年以降の巨人は、セ・リーグで五連覇を果たしながら、日本シリーズでは五五年を除いて一度も勝てないでいた。つまり、それまでは必ずしも巨人は球界の盟主とはいえなかったわけだ。

ところが、昭和四〇年代に入ると、川上哲治監督のもとで空前絶後の九連覇を成し遂げ、名実ともに日本プロ野球界を象徴する存在となっていく。一方、南海をはじめとするパ・

リーグ勢は日陰の身に追いやられることになった。

先ほど述べたように、その契機となったのが一九六一年の日本シリーズであったと、いまにして私は思う。そして、このシリーズの勝敗を分けることになったのが第四戦であり、その試合のカギとなったのが、九回裏ツーアウトランナー満塁、ボールカウント二ストライク一ボールの場面で〝赤鬼〟こと南海のピッチャー、ジョー・スタンカが投じたボールであった……。

その場面を説明する前に、そこに至るまでの経緯を説明しておこう。大阪球場で行われた初戦は、スタンカが巨人を完封、南海が先勝したものの、続く第二戦と後楽園球場に舞台を移しての第三戦は巨人が勝利。巨人の二勝一敗で迎えた第四戦も九回二死まで巨人が二対一でリードしていた。

だが、ここで広瀬《ひろせ》叔功《よしのり》の起死回生の二ランが生まれ、南海が逆転する。が、その裏、巨人も先頭打者が死球で出塁、同点のチャンスを得た。ここで鶴岡監督は祓川《はらいかわ》正敏《まさとし》に代えてスタンカを投入。スタンカは続く坂崎一彦《かずひこ》を三振、国松彰《くにまつあきら》を一塁ゴロに打ち取り、南海は勝利まであとひとりに迫った。

次のバッター、代打の藤尾茂《ふじおしげる》は一塁に凡フライを打ち上げた。その瞬間、勝利を確信したスタンカは万歳、マスクを被《かぶ》っていた私もマウンドに駆け寄りかけた。

ところが――その凡フライを、よりによって名手といわれていた寺田陽介《ようすけ》一塁手が落球してしまったのだ。これで流れが変わったのだろう、続く長嶋が放ったサードゴロを、これまた守備には定評があった小池兼司《こいけけんじ》がファンブル、満塁にしてしまう。

後楽園球場は騒然となった。ここで打席に向かったのは四番、エンディ宮本《みやもと》さん。気を取り直したスタンカは二―一と追い込んだ。そして投じた四球目、やや外よりだったが、ほぼ真ん中といっていいフォークボールがストンと落ちた。宮本さんのバットはまったく動かず。

「よし、三振だ。ゲームセット」

キャッチした瞬間、私は飛び上がり、スタンカは再び両手をあげた。ところが――。

円城寺　あれがボールか　秋の空

「ボール！」

円城寺満《えんじようじみつる》主審はそうコールした。

「まさか！」

私はびっくりした。絶対にストライクである。私は円城寺さんより前でそのボールを見、キャッチしたのだからよくわかる。実際、巨人ファンでほぼ埋め尽くされたスタンドからはため息がもれたのだ。

「ストライクやないか！」

私は抗議した。スタンカも顔を真っ赤にして激昂《げきこう》した。もちろん、ベンチからは鶴岡監督が飛び出し、猛然と円城寺主審に詰め寄った。しかし、判定が覆ることはなかった。

「ふつうならストライクだが、風があったので沈んだ。それでボールと判断した」

円城寺主審は訳のわからない説明をした。

抗議がどれくらい続いたのかは憶えていない。が、スタンカは明らかに気落ちしていた。

再開後に投じた第一球は、まったく威力のない棒球だった。

「あかん！」

そう思った直後、宮本さんがはじき返した打球は一、二塁間に転がり、二、三塁ランナーが生還。南海は土壇場で逆転負けを喫してしまったのだ。

いま思えば、円城寺主審はセ・リーグの審判であり、スタンカのボールを見慣れていないこと（当時セ・リーグには、長身のスタンカのように急角度で投げ下ろすピッチャーはいなかったはずだ）、私が「これで終わり」とばかりに早めに腰を浮かしたことがあの判定に影響していたのではないかとは思うのだが、日本シリーズ前に巨人の情報を集めていたとき、いろいろな人にこういわれたのも事実であった。

「巨人と戦うときは、敵は一〇人だと思え」

つまり、「〝ここぞ〟というときには、必ず審判が何かやるから覚悟しておけ」というアドバイスである。思い返せば、この試合はほかにも不可思議な判定がたくさんあり、南海の選手たちは相当頭に血が上っていた。そのため、スタンカはサヨナラヒットを浴びた際、本塁のバックアップに入ると見せかけて円城寺主審に体当たり。ほかの選手やコーチもサヨナラ負けと同時に円城寺主審のもとに殺到し、暴行を加えた。断じてほめられた行為ではないし、暴行を働いた何人かは処分された。が、それほどあの判定は南海にとって大きな痛手だったのだ。

事実、続く第五戦はスタンカが先発して南海は勝利したが、第六戦には敗れ、日本一を逃すことになった。その後も一九六五年、六六年と日本シリーズに出場したが、いずれも巨人に跳ね返され、選手兼任監督として臨んだ一九七三年も苦杯をなめさせられた。

またも「もし」であるが、あのスタンカの球がストライクであったなら、間違いなくシリーズの流れはこちらに来たはずだ。そうなれば南海が勝利していた可能性は高い。となれば、巨人と南海のその後は別の道をたどることになったはずだ。

円城寺　あれがボールか　秋の空

誰かがそう詠んだこの一球——もちろん私はいまでもストライクだと信じている——はまさしく、プロ野球の潮流を変える一球となったのであった。

幻に終わった南海初の知将誕生

一九六五年のシーズンオフ、またも南海、ひいてはパ・リーグのその後を変える転機となる出来事があった。南海およびパ・リーグの人気凋落《ちょうらく》を招き、セ・リーグ偏重の大きな原因となったという意味では、長嶋の幻の南海入団に匹敵する出来事だったといっていい。

じつに一九年間にわたって南海の指揮を執り続けてきた鶴岡一人監督がついに勇退を表明したのは、一九六五年一一月一三日のことだった。この年、南海は前半戦を終えた時点で五六勝一一敗一分。なんと貯金が四五もあった。後半は三二勝三八敗二分と失速したものの、二位の東映に一二ゲームもの大差をつけてリーグ優勝を達成した。

ところが、日本シリーズではやはり二位に一三ゲーム差をつけて優勝した巨人に一勝しかできず、完敗してしまう。そのため、鶴岡監督は辞任を決意。そのあとを受けて監督に就任することになったのが、鶴岡親分のもとでコーチを務めていた蔭山和夫さんだった。

蔭山さんは旧制市岡《いちおか》中学―早大と名門を歩み、一九五〇年に南海に入団。名内野手として鳴らしたが、それ以上に〝頭脳〟がすばらしかった。野球に関する知識と理論はチーム随一。鶴岡さんも懐刀として信頼しており、ことあるごとに蔭山さんに意見を求めていた。最後には「カゲ！　なんとかせい！」とゲタを預けることもしばしばだった。野球への探求心という点では私も人後に落ちないから、蔭山コーチを捕まえては「こういう場面ではどうしたらいいんですか？」と、よく質問したものだ。

そんな蔭山さんだから、早くから「次期監督間違いなし」とみなされており、実際、一九六二年にチームが出足につまずいてシーズン途中で鶴岡監督が休養したときには代理監督を務め、二位に食い込んだ実績もあった。なにより、親分・子分の関係を重視した鶴岡さんと対照的に理論でチームを統率する蔭山さんには、パ・リーグ新時代を予感させるものとして大きな期待と注目が集まっていた。

ところが、その蔭山さんが監督就任のわずか四日後の一一月一七日、三八歳の若さで急逝してしまったのだ。死因は副腎《ふくじん》急性機能不全ということだったが、間違いなく心労が原因だったと私は思う。というのも、先ほど述べたように、球界関係者や一般ファンが蔭山新監督誕生に期待していたのは事実だったが、南海内部では決してそうではなかったからだ。

鶴岡さんには、鶴岡さんを〝親分〟と慕う〝子分〟が多かった。というより、ほとんどの選手がそうだった。だからこそ、鶴岡さんは一九年も南海の監督であり続けることができた。親分に心酔しきっていた子分たちは、鶴岡辞任の報を聞いていきり立った。

「鶴岡さんをひきとめなければならない」

私は子分ではなかったし、鶴岡さんには鶴岡さんの考えがあると思っていたから乗り気ではなかったが、当時はキャプテンだったので懇願されて鶴岡さんに辞任を思いとどまってくれるよう、彼らと一緒に家まで押しかけて行った。

案の定、鶴岡さんは受け入れず、蔭山監督が誕生したわけだが、おもしろくない子分たちは、蔭山さんに反発した。監督就任を受けて、キャプテンの私はすぐさまあいさつに行くつもりだったが、その年、三冠王を獲得したことでメディアの取材が殺到したため、ようやく蔭山さんと会えたのは数日後だった。当然、ほかの選手はすでにあいさつを終えていると思っていたのだが、あとで蔭山さんがいった。

「ちゃんとあいさつしてくれたのは、きみだけだよ」

コーチ就任を打診した人たちにも色よい返事はもらえなかったという。そのときの蔭山さんの寂しそうな顔はいまでも忘れられない。その直後にある同僚選手の結婚式で顔を合わせたが、蔭山さんは冒頭にあいさつしたきりいっさい喋《しゃべ》らず、ひどくやつれていた。食事にも全く手をつけなかった。ひたすら憔悴《しょうすい》しきっていた記憶がある。

「あまり深刻に考えないほうがいいですよ」

私はそういって別れたが、蔭山さんはクソがつくほど真面目な人だったから、そういうわけにはいかなかったのだろう。それが蔭山さんと交わした最後の言葉になった。

鶴岡監督辞任と復帰の理由

こうして南海初といってもいい理論派監督の誕生は幻に終わったわけだが、それは結果として鶴岡さんの南海監督復帰をもたらし、同時にある意味でパ・リーグ全体の繁栄を遅らせる結果になったともいえる。というのは、鶴岡さんは、翌年から（おそらく）同じパ・リーグの東京オリオンズ（現千葉ロッテマリーンズ）を率い、南海とあいまみえることが決まっていたからである。

南海に対する鶴岡さんの貢献度を考えれば、監督を辞めたあとはフロントに残ってしかるべきだったはずだ。少なくとも〝南海ホークスの鶴岡〟としてグラウンドを去っておかしくなかった。しかし、鶴岡さんは南海と決別するという選択をした。

これは私の邪推だが、おそらく南海球団は長嶋のときと同様、わずかな金を惜しんだのだと思う。実際、鶴岡さんが望んでいたという、ゼネラルマネージャーを正式に設置するという構想はいつのまにか立ち消えになったというし、功労金すら出さなかったという。

当時、鶴岡さんは奥さんと死別し、後妻を迎えたばかり。子どもさんは二人でき、小さかったし、家も持ち家ではなく南海の社宅に住んでいた。金を必要としていたのである。あえて南海と決別してまでも、他球団のユニフォームを着るというのは――もちろん、現場にいたいという気持ちもあっただろうが――経済的な理由が大きかったと想像する。私は別に鶴岡さんを非難しているわけではない。それは社会人として、また家庭人として、当然の選択だ。

その正否はともかく、鶴岡さんには前述の東京と、やはり東京に本拠を置くサンケイスワローズ（現東京ヤクルトスワローズ）の二球団から強い誘いがあったといわれる。事実、一一月一七日には東上し、どちらの監督になるか表明する予定になっていたそうだ。

ところが、まさにその当日、蔭山さんが急死した。

「（蔭山が）亡くなったというのに、ニコニコ握手する写真が新聞に出るのは、私の良心が許さない」

鶴岡さんはそう宣言して上京を中止。本来ならば正式な入団会見を行うはずだった二〇日に、「再び、南海監督を引き受ける」と発表したのである。

じつは――ここが鶴岡さんのすごいところだと私は思うのだが――東京とサンケイ、どちらのユニフォームを着るつもりだったのか、鶴岡さんは死ぬまでいっさい明らかにしなかった。関係者も口をつぐんでいる。したがって、これは推測でしかないのだが、「おそらく東京だったろう」というのが一般の認識だった。

というのも、一九六二年に東京のオーナーだった永田《ながた》雅一《まさいち》氏が実際に鶴岡邸を訪れ、監督就任要請をしていたという。事実、実現寸前までいったのだが、このときは、その動きを察知した南海側がストップをかけたそうだ。が、親分としてはこのときの義理を重んじたに違いないというのがその理由である。永田氏は大のアンチ・セ・リーグ派であり、どうしても鶴岡さんのセ・リーグ流出を防ぎたかったようだ。

さて、それでは蔭山さんが南海の指揮を執り、鶴岡さんが東京の監督に就任していたらどうなったか——。

そのころ、東映フライヤーズを率いていたのは水原茂さん。阪急ブレーブスは西本幸雄《にしもとゆきお》さんのもとで、黄金時代に向かって走りはじめていた。西鉄ライオンズでは中西太《なかにしふとし》さんが兼任監督を務めており、一九六八年には娘婿である中西さんを育て、水原さん率いる巨人軍と名勝負を繰り広げた魔術師・三原脩さんが近鉄バファローズの監督に就任する……。すなわち、名将と呼ばれる監督たちが、おのれの存在と意地と誇りをかけてしのぎを削る状況が出来することになったはずなのである。蔭山さんは自分自身を「野村までのつなぎ」と考えていたそうで、もしほんとうにそうならば、もしかしたら私も南海監督として、そのなかで切磋琢磨《せっさたくま》することになっていたかもしれないのだ。

蔭山さんの早世が南海にとって、ひいてはパ・リーグにとって大きな転機のひとつになったといったのは、そういう意味なのである。

V9の基礎を築いたドジャースの戦法

鶴岡監督の復帰により、南海が再び軍隊式の精神野球に逆戻りしたころ、すでにセ・リーグは一歩も二歩も進んだ野球を展開していた。その中心はもちろん、川上哲治監督率いる巨人であり、巨人が実践していたのが〝ドジャースの戦法〟と呼ばれるものであった。このドジャースの戦法こそが巨人V9の基礎を築き、同時に日本野球の近代化を推し進めたと私は確信している。

一九六一年に川上さんが監督に就任したときの巨人は、三割バッターは長嶋だけ。王貞治はまだ一本足に転向する前で、天性の素質が開花するのはまだ先のこと。チーム打率はリーグ最低であるうえ、投手陣もエースだった藤田さんは盛りを過ぎ、新人王を獲得した堀本律夫《ほりもとりつお》の台頭はあったものの、ほかに二ケタ勝利をあげたのは伊藤芳明《よしあき》のみ。チーム防御率はリーグ五位と、優勝を狙うには投打とも戦力が足りないのは明らかだった。

「この戦力でいかに戦えばいいのか……」

思い悩んでいた川上監督にもたらされたのが、アメリカはフロリダ州ベロビーチにあるドジャータウンでのキャンプであり、そこで出会ったドジャースの戦法だったのである。

では、ドジャースの戦法とはどういうものか――ひとことでいえば、チームプレーを重視し、少ない得点を守り抜くという戦い方である。当時のドジャースも決して戦力に恵まれていたわけではなかった。とくに打線はリーグ最低といってもよかったにもかかわらず、ドジャースは毎年のように優勝を争い、一九五九年にはワールドシリーズをも制していた。

その秘密はエースのドン・ドライスデールを中心とするメジャー屈指の投手力と堅い守り、そして非力な打線を補う機動力にあった。そのためにサインプレーやカバーリングといった連係プレーを編み出し、磨きをかけた。いまでいうスモールベースボールである。川上巨人はこうした戦い方を徹底的に吸収した。『ドジャースの戦法』を著したアル・カンパニスにも手とり足とりの指導を受けたという。

じつは川上さんの前任だった水原茂さんもアメリカで何回かキャンプを行い、ブロックサインや先発ローテーションなどさまざまなものを持ち帰った。はじめて水原さんがブロックサインを出すのを見たときは「ユニフォームばかり気にして、キザなおっさんやなあ」と思ったのを憶えている。ユニフォームを触る仕草がサインだったなんて、夢にも思わなかった。なにしろ南海のサインは「バンド（ベルト）を触ったらバント」のような幼稚なものだったのだから。

ただ、水原さんは――大先輩に対して申し訳ない言い方だが――うわべを真似ただけという気がする。対して、川上さんは猛練習でそれを血肉化した。事実、前年は二位に落ち込んでいた巨人はその年、チーム打率はリーグ最低、二〇勝投手はゼロでありながらセ・リーグを制覇。前述したように、日本シリーズでもわが南海を破り、一九五五年以来の日本一に輝いたのだ。

つまり、この日本シリーズは精神野球から近代野球への転換を象徴するものであったといえる。先ほど、このシリーズが「プロ野球の潮流を変えた」と述べたのは、こういう意味もあったのだ。ドジャースの戦法の導入は日本の野球を変える大事件だったのである。

日本初のスコアラー

もっとも、野球の近代化においては南海が先鞭《せんべん》をつけたこともある。スコアラーの導入がそうだ。専任のスコアラーを置いたのは、日本では鶴岡監督時代の南海が最初であり、その任を担ったのが尾張久次《おわりひさじ》という人だった。

尾張さんは、子どものころから中等野球や大学野球の記録をノートに書き写すのが好きだったという。長じて新聞記者になってからも、仕事のかたわら一年間のプロ野球のゲームの統計をとってみた。すると、たとえば「Aというバッターは、初球は見逃す」とか、

「Bというピッチャーはランナーが一塁にいるときは必ずスライダーから入る」といったデータ――当時はそんな言葉はなく「傾向」と呼んでいた――が浮かび上がってきた。

このデータを鶴岡監督に見せたところ、鶴岡さんは大いに興味を示し、当時南海が苦手としていた〝火の玉投手〟こと、毎日オリオンズの荒巻淳《あらまきあつし》投手の「傾向」を分析してくれと依頼する。これが役立ったことから、尾張さんは新聞記者の職を辞して南海に入ることになったのだという。一九五四年、ちょうど私が入団した年のことである。

以来、尾張さんは毎試合ネット裏に陣取り、七色の鉛筆を使って、敵だけでなく、味方の特徴をも克明なメモにしていった。なにしろ、当時は精神野球の時代。データをとるなどということはほとんど誰も考えていなかった。当初、南海の選手たちは尾張さんの仕事を理解できず、自分たちを査定するために本社から送りこまれたスパイだと思っていたらしい。

そんな状況のなかで導入され、蓄積されていった〝尾張メモ〟が、大きな注目を集めることになったのが、先ほども述べた一九五九年の日本シリーズ第三戦で大沢さんが見せた守備だった。森の打球を好捕した大沢さんのバックホームで逆転を防いだ場面である。

ふつうなら左中間に抜けていたであろう打球を好捕できたのは、センターを守っていた大沢さんが尾張メモによってあらかじめ守備位置をレフト寄りに変えていたことで生まれたと報じられたのだ。雨で第四戦が中止になったあと、新聞社の企画で大沢さんと尾張さんが対談し、「尾張さんのおかげ」と大沢さんが語ったのである。

大沢さんは第一戦でも長嶋の右中間に飛んだ長打性の打球を、第二戦では国松彰の左中間の当たりを、第三戦の七回には抜けていれば三塁打確実の長嶋の打球を、いずれもあらかじめ守備位置を変えておくことでキャッチしている。大沢さんはこのシリーズの〝隠れMVP〟といってても過言ではなかった。

ただし、大沢さんはのちに、あの発言は「マネージャーに『尾張さんをたててくれ』といわれたから」と明かし、「尾張メモは大まかなもので、自分は参考程度にしただけ、あの守備位置は、杉浦の調子と巨人バッターの構えを見て自分で判断した」と語っている。

同様に、私がデータの大切さに気づき、大いに活用するようになったのも「尾張メモの影響」といわれることがままあり、むろん参考にしたのを認めるにやぶさかでないが、私の場合は、尾張さんのデータを利用したというより、「こういうデータを集めてください」と尾張さんにお願いしたというのが正しい。

私がほしかったのは、「ボールカウント別の球種とか、変化球を大きく空振りした次の球種は？」「サインに首を振ったときの球種は？」「前打席の結果球と次打席の初球の入り方」など心理に関するものだったからだ。

だからといって、尾張さんの功績は決して小さくない。なにより偉いのは――南海にとっては痛しかゆしだったが――そのノウハウを公開したことだ。日本初、ということは唯一の専任スコアラーである尾張さんのもとには、他球団から教えを請いにくる人間があとを絶たなかった。そういう人間たちにも尾張さんは惜しむことなく手の内を明かした。

また、南海を退団後は、根本陸夫《ねもとりくお》さん――尾張さんのもとに真っ先に人を派遣したのは、当時近鉄の捕手だった根本さんだったという――に請われてチーフスコアラーとして西武ライオンズ入り。広岡監督のもとで日本一に貢献し、西武黄金時代の礎を築く一翼を担った。

尾張さんがライバルチームにも協力を惜しまなかったのは、そうすることが日本野球全体の進歩と発展につながると考えたからだろうと私は想像する。実際、川上巨人の参謀として「ドジャースの戦法」を浸透させるとともに、情報収集や戦略の面で九連覇に大きく貢献した牧野茂《まきのしげる》さんも、現役時代から尾張さんの存在を気にしていたそうだ。

日本野球に革命をもたらした外国人選手〜スペンサー

一九六〇年代に来日した元メジャーリーガーも、南海を含めたパ・リーグの野球の近代化に大きな貢献をした。まず名前があがるのがダリル・スペンサーである。

ニューヨーク（現サンフランシスコ）・ジャイアンツやセントルイス・カージナルスで活躍したメジャーリーガーであるスペンサーが、阪急ブレーブスに入団したのは一九六四年。われわれがまず驚かされたのは、その荒っぽさだった。とりわけすごかったのが一九〇センチ、九〇キロの巨体をフルに活《い》かしたスライディング。なかでも併殺を免れるためのそれは、多くの野手を恐怖に陥れたものだった。

あるとき、当時南海にいた国貞泰汎《くにさだやすひろ》という小さな二塁手がスペンサーに吹っ飛ばされた。それを見たブルームという外国人選手が「おれが仕返ししてやる」といって、一塁走者に出た際、内野ゴロに乗じて二塁手のスペンサーに体当たりをくらわした。ところが、わき腹を骨折したのはブルームのほうで、スペンサーはケロリとしていた。キャッチャーだった私も、三塁コーチが止めるのを無視してホームに突っ込んできたスペンサーの体当たりをまともに受けて吹き飛ばされたことがある。

こんなこともあった。大阪球場での試合だった。初回の阪急の攻撃中、スペンサーはなんとポロシャツに短パン、ゴム草履というでたちでバット二本をつかみ、ウェイティングサークルに現れた。球審の要請で阪急側の人間によってベンチに連れ戻されたのだが、われわれは何が起こったのかわからなかった。

のちに知った真相はこうであった。スペンサーはこの日、五番打者としてスタメンに名を連ねる予定だったが、南海の先発がアンダースローの皆川睦雄《みながわむつお》だった場合は使わないと西本監督に申し渡されていたのだという。スペンサーはアンダースローを苦手としていたからだ。しかし、スペンサーは納得しなかった。

「おれは皆川を打つために絶えず研究しているんだ。あて馬に使われるのは御免だ」

その抵抗の意思表示が短パンにゴム草履だったわけだ。

さらにすごいエピソードがある。スペンサーが西本監督、青田昇《あおたのぼる》ヘッドコーチと話していたときのこと、「優勝できるだけの戦力が整ったな」と話していた西本さんと青田さんに対して、スペンサーは「優勝するためにこれで充分ということはない。もうひとつしてほしいことがある」といって、こう続けた。

「球場が広すぎる。もっと狭くしてくれ」

さらに続けてスペンサーいわく「左中間は丸く深くなっているが、センターからレフトまで直線にしてしまえばいい。そうすればおれの打球はみんなホームランになる。明日にでもすぐやったほうがいい。現にメジャーの球場はホームチームに有利なようにつくられている」

「だが、それでは相手チームのホームランも増えるではないか」と疑問を投げかけた西本さんと青田さんに、スペンサーはいったそうだ。

「相手が気がつかないよう、夜中にそっとやってしまうのだ。おれは狙って左中間に打てる。フェンスを三メートル前に出せば、みんなホームランになる」

翌日の西宮《にしのみや》球場の左中間は、三メートル前にせり出していた。では、その結果はどうだったか——肝心のスペンサーは四打数三三振に終わり、左中間へは一本も飛ばなかったそうだ。

荒々しさ＋緻密さ

こうしたエピソードからわかるように、スペンサーは激しく荒々しい気性を持つ一方、繊細さや緻密《ちみつ》さも併せ持っていた。たとえば、ホームベースから離れてバッターボックスのいちばん後ろに立っているので、バットが届かないだろうと思って外角を要求したら、ピッチャーが投げた瞬間にグッと踏み込んで右翼スタンドにもっていかれたことがある。そんな駆け引きは、当時の日本人選手は誰もやっていなかった。

また、打順を待っているときはネクスト・バッターズ・サークルに入るのがルールだが、スペンサーは必ずといっていいほどキャッチャーの斜め後方に立っていた。

「あんなところに立っていていいのか?」

私はいつも審判に抗議したが、要するに彼はピッチャーの球筋を見極めるだけでなく、配球の傾向やクセを見抜こうとしていたのである。ピッチャーが振りかぶるとき、右手の筋が立っているかどうかといった細かなところまで注視していたらしい。

しかも、見抜いた情報を打席にいるバッターにも伝えようとした。自分のバットをマスコットバットで一回叩《たた》けば次はストレート系、二回ならカーブといった具合に……。どうしても見抜けないときは、ネット裏にいるスコアラー経由でサインを盗もうとしていた。

守っては、抜群の位置取りと素早いモーション、正確なバックホームで、しばしばセカンドランナーを刺し、失点を防いだ。このため、相手チームのサードコーチは、スペンサーがカットマンとしてボールを受けたときにランナーが三塁ベースを完全に回っていないかぎり、ストップをかけるようになった。

こうした研究熱心な姿勢は当然、ほかの選手たちにも影響を与えた。バッターたちはスペンサーを見習ってサインを盗もうとしたり、球種によって守備隊形を変えるようになったし、ピッチャーたちはボールの握りをグラブですっぽり隠したりして、相手にクセを見破られないよう努めるようになった。加えて、収集した情報をスペンサーは克明なメモにしており、そのメモは彼が帰国する際、阪急に残されたといわれる。のちに監督となって阪急を率いた上田《うえだ》利治《としはる》をはじめ、その恩恵にあずかった選手や指導者はたくさんいるはずだ。スペンサーは阪急の野球をすっかり変えてしまった。一番影響を受けたのが長池徳士《ながいけあつし》選手であり、代打男の高井保弘《たかいやすひろ》選手である。

日本野球に革命を起こした外国人選手～ブレイザー

もうひとり、南海で私の同僚だったブレイザーこと、ドン・ブラッシングゲームもパ・リーグの野球に大きな影響を与えたメジャーリーガーだった。

一九六七年に来日したブレイザーは、オールスターやワールドシリーズにも出場した名二塁手だった。当時の南海の精神野球に物足りなさを感じていた私は、身体の小さいブレイザーが、一〇年以上メジャーで活躍できた秘密を知りたいという理由もあり、しばしば彼を食事に誘い、本場の知識を吸収した。

スペンサー同様、ブレイザーも状況に応じた進塁打の打ち方や走塁のやり方、併殺を避けるスライディングの方法、中継プレーにおけるカットマンの役割などなど、当時の日本にはなかった概念をもたらした。ランナーが一塁にいるときは一球一球遊撃手とコンタクトを取り合い、私が出したサインを味方に伝え、守備位置を変更させたりした。そのために、毎試合、捕手である私のもとにサインを確認しにやってきた。

「野球とは、ただ投げて打って走るだけのスポーツではない」

このことを私はブレイザーに教わった。ブレイザーが「考える即ち野球は頭でするもんだ」の重要性に気づかせてくれたのである。だからこそ、一九七〇年に南海の監督就任を要請されたとき、周囲の反対にもかかわらず、ブレイザーをヘッドコーチとして招聘することを条件にしたのだった。

そのころの南海はいまだ鶴岡時代の精神野球の残滓《ざんし》が残っていたし、〝鶴岡一派〟の杉浦ら主力選手三人が「トレードに出してくれ」といってきた。話し合いの末、トレードに出すのはひとりで収まったが、貧乏球団の南海では補強もままならない。だからこそ、ブレイザーの力が必要だった。川上さんがドジャースの戦法に活路を見いだしたように、私はブレイザーの「シンキングベースボール」を本格的に導入しようと考えたのだ。

あらためて来日したブレイザーが発する言葉は、南海の選手たちに新鮮な驚きを与えることばかりだった。選手はみな圧倒されていた。その内容についてはこれまでも機会あるたびに述べてきたし、いまではあたりまえのことなので詳説はしない。が、あの広岡達朗さんが「ブレイザーはいったい何を教えているんだ?」ととても気にしていたし、ブレイザーの薫陶を受けた人間のなかからは、広島カープを日本一に導いた古葉《こば》竹識《たけし》、さらには星野仙一をヘッドコーチとしてつねに支えた島野《しまの》育夫《いくお》らが指導者として活躍することになった。なにより私自身がブレイザーの最初の弟子といってもよく、その意味ではいまだプロ野球界はブレイザーの影響が見られるのである。

黒い霧

しかし、南海にしても阪急にしても、どうしても巨人には勝てなかった。とくに阪急の戦力は巨人に勝るとも劣らなかったが、どうしても勝てなかった。その理由は、巨人の〝頭脳〟にあった。巨人の頭脳は、スペンサーの上をいっていた。なにしろスペンサー専用のスコアラーをつけ、シーズン半ばから徹底的に研究していたのだという。

パ・リーグのチームが巨人に負け続けているあいだに、両リーグの人気は天と地ほどの差に開いてしまった。一九五〇年代まではセ・リーグとパ・リーグの人気にそれほど大きな差はなかったはずだが、テレビの普及とともに巨人阪神戦がプロ野球を代表する看板カードとなり、さらに巨人の連覇が積み重なっていったことで、あっという間に差は開いてしまった。

私がいくら打撃タイトルを獲ろうとそれほど大きな話題にはならなかった。三冠王を獲得したときでさえ、スポーツ新聞の一面を飾ることはなく、二面か三面に載っただけだった。巨人に果敢に立ち向かった西鉄の凋落もパ・リーグにとっては大きな痛手となった。

そんなパ・リーグにさらに決定的なダメージを与えたのが、一九六九年に起こった八百長事件、いわゆる「黒い霧事件」であった。その発端は、一九六九年一〇月七日の報知新聞紙上で「西鉄の永易将之《ながやすまさゆき》投手が暴力団にそそのかされて八百長を行っていたと判明したため、球団は解雇した」と報じられたことだった。これを受けてセ・パ合同会議が開催され、コミッショナー委員会は一一月二八日、永易を永久追放処分にする。

翌年四月、永易は雑誌のインタビューで、「ほかにも八百長を働いた選手がいる」として西鉄の六選手の名を公表。五月、コミッショナー委員会はこのうち与田順欣《よだよりのぶ》投手、益田《ますだ》昭雄《あきお》投手、池永正明《いけながまさあき》投手を「野球協約355条の敗退行為に該当する」として永久追放、船田和英《ふなだかずひで》内野手、村上公康《むらかみきみやす》捕手に出場停止、基満男《もといみつお》内野手に厳重戒告処分をそれぞれ言い渡した。

しかし、事態はこれだけでは収まらなかった。六月にはオートレースの八百長に関与した疑いで中日ドラゴンズの小川健太郎《おがわけんたろう》投手が永久追放、阪神・葛城隆雄《かつらぎたかお》内野手が出場停止。七月には東映のエース・森安敏明《もりやすとしあき》が八百長行為で永久追放処分を受け、九月にはヤクルトアトムズの桑田武《くわたたけし》内野手がやはりオートレースの八百長容疑で逮捕され、出場停止処分に。さらには近鉄バファローズの土井正博《どいまさひろ》外野手と阪神・江夏豊投手が暴力団との交際疑惑で厳重注意を受けたのである。これらを総称して「黒い霧事件」と呼んだのである。

葬られた大投手

最初に黒い霧のニュースを聞いたのは、たしか九州遠征の最中だった。なんともいえない、暗澹《あんたん》たる気持ちになったのを憶えている。とても野球をやる気分ではなかった。幸い、南海には処分を受けた選手はいなかったし、私にも八百長の誘いはなかった。しかし、南海の試合が八百長の舞台になったことはあった。

いわれてみれば、「?」というケースがたくさんあったのは事実だ。たとえば、それまで調子がよかったピッチャーが突然フォアボールを連発したり、ある内野手がファーストに送球する際、スタンドに飛び込むような悪送球をしたり……。

それでもこちらは、まさか八百長が行われているなんて思わないから、たんに調子が悪いとばかり思っていた。その暴投内野手に対しても「スローイング音痴だな」と信じ込み、その内野手のところに打球が転がったら、「内野安打になるから一所懸命走れ」と命じていたくらいだった。

だが、この事件によって球界が、とくに多くの処分者を出したパ・リーグが被ったダメージは小さくなかった。イメージが悪くなったのはもちろんだが、とりわけ池永という大投手を失ったことは大きな痛手だった。

下関《しものせき》商業から西鉄入りした池永は、いきなり一年目に二〇勝をあげて新人王を獲得。六年間で一〇三勝をあげ、いよいよ全盛期を迎えようとしていたところだった。スピード、キレ、コントロール、そして頭脳を併せ持ち、永久追放にならなければ、どれほどの記録を残したことか。池永と同期入団のピッチャーだった尾崎将司《おざきまさし》氏が、早々に野球をあきらめてゴルファーに転向したのは、「池永にはかなわない」と悟ったからだとされる。

不起訴だったにもかかわらず、いわば見せしめとして球界を追われた池永の名誉は、二〇〇五年になってようやく処分解除というかたちで回復されることになるが、それはあまりに遅すぎた。以降、パ・リーグはどうあがいても常にセ・リーグの後塵《こうじん》を拝することになったのである。

江夏の21球

半世紀以上にわたるプロ野球生活で、野球のおもしろさ、奥深さ、醍醐味《だいごみ》などすべての魅力がつまっていると私が考えているのが、一九七九年一一月四日に行われた近鉄と広島の日本シリーズ第七戦九回裏の攻防、いわゆる〝江夏の21球〟である。

まずクライマックスにいたる経緯を説明しておこう。広島が四対三とリードして迎えた九回裏。江夏は先頭の羽田耕一《はだこういち》に初球をセンター前に運ばれる。「絶対に初球からは打ってこないだろう」と考えた江夏が簡単にストライクを取りにいったのが原因だった。これで江夏のペースに微妙な狂いが生じる。

代走の藤瀬史朗《ふじせしろう》はすかさず二盗を敢行。キャッチャー水沼四郎《みずぬましろう》の送球が難しいバウンドとなって二塁後方に抜けると、一気に三塁へ。江夏は打者クリス・アーノルドを歩かせ、ノーアウト一、三塁の大ピンチ。バッターボックスには五回に同点ツーランを放っている平野《ひらの》光泰《みつやす》が入った。

その二球目、江夏が投じたのは、この日ほとんど投げなかった膝元《ひざもと》に落ちるカーブ。平野はこれを空振りする。

「思った以上にカーブのキレがいい」

そう感じた江夏は、以降このカーブを主体に配球を組み立てていくことになる。

三球目、アーノルドの代走・吹石徳一《ふきいしとくいち》が二盗。結局、広島は平野を敬遠し、ノーアウト満塁、江夏は絶体絶命の場面を迎えることになったのである。

じつは平野が打席にいるとき、広島の古葉竹識監督は池谷公二郎《いけがやこうじろう》と北別府学《きたべっぷまなぶ》をリリーフに備えるためブルペンに送っている。それを見た私は、嫌な感じがしたのを憶えている。江夏ほどプライドの高いピッチャーはいない。それは私がいちばんよく知っている。まして江夏は抑えの切り札だ。リリーフの用意をされるのは最大の屈辱と感じるに決まっている。監督して古葉の気持ちはよくわかる。間違ってはいない。しかし、私だったら、江夏の気持ちを逆なでするような真似はしなかったろうと思う。

「どうしておれに任せないのか」

案の定、江夏は気分を大いに害した。ベンチに不信感を抱いたまま代打・佐々木恭介《きょうすけ》と対峙《たいじ》した江夏の初球はカーブ。佐々木はこれを見逃すが、その見逃し方から私はピンときた。

「佐々木はカーブを狙っている」

それは広島バッテリーも見抜いていたようだ。二球目は何の変哲もないストレート。カーブ狙いの佐々木はこの絶好球を見逃してしまう。続く三球目はカーブ。佐々木は強振。しかし、打球はわずかに三塁線を越え、ファールとなった。ここで一塁の衣笠祥雄《きぬがささちお》がマウンドに歩み寄り、次のような言葉をかける。

「ベンチやブルペンは気にするな。おまえはおまえらしくバッターに集中しろ。おれも気持ちはおまえと一緒。もしものときはユニフォームを脱ぐ」

冷静さを取り戻した江夏の五球目は、内角低めへボール球となるストレート。この配球で狙いに迷いが生じた佐々木は、同じ軌道から落ちる六球目のカーブを空振り三振。ワンアウトとなった。

次打者の石渡茂《いしわたしげる》は、外角から入ってくる初球のカーブをあっさり見逃す。

「スクイズか?」

石渡の消極的な態度から私は直感した。

　そして運命の二球目——江夏がボールをリリースしようとする寸前、水沼が立ち上がった。同時に石渡はバントの体勢。咄嗟《とっさ》にピッチドアウトにかかった江夏の握りはカーブだったため、投じられたすっぽ抜けカーブの軌道を描いて石渡のバットの下を通り、水沼のミットへ。すでにスタートを切っていた三塁ランナーの藤瀬はタッチアウト。スクイズは失敗に終わる。

　これで流れを引き寄せた江夏は、石渡をやはりカーブで三振に斬ってとり、ゲームセット。広島が初の日本一に輝いて歴史に残るゲームは幕を閉じたのだった。

　はたして、スクイズを外した江夏のあの一球は偶然なのか、それとも自身が語っているように神業なのか——。

　当事者でない私には断言はできない。が、江夏であれば、充分ありえることだと思っている。江夏ほど野球について深く考え、相手打者の心理や状況を読みながらピッチングを展開したピッチャーはいない。大胆にして繊細な配球。卓越したピッチング技術。そうした膨大な蓄積があってはじめて、あの一球は生まれたと私は思う。あの一球は、それまでの江夏の野球人生のすべてが凝縮して生まれた奇跡だったのだ。

あのスクイズ場面を私なりに解説してみよう。

打者のバントの構えがやや早すぎたこと。さらに三塁走者の藤瀬のスタートが投手が左ということもあって早すぎたこと。この二つが原因として捕手がスクイズを察知してやや早めに外角ボールゾーンへ構えることができ、その水沼が江夏の目に入りとっさにはずしたと考えられる。

日本初のスト

巨人に代わって西武が黄金時代を築き、私が率いたヤクルトも三度日本一となったとはいえ、セ・リーグ偏重、巨人中心という歪《いびつ》な構造は依然として続いていた。しかし、それを是正し、プロ野球全体を望ましいかたちに変えられたかもしれない大きなチャンスが訪れた。二〇〇四年、日本のプロ野球ではじめて実施された選手会によるストライキである。

発端はその年の六月、近鉄バファローズとオリックスブルーウェーブが合併すると発表されたことだった。これが現実となれば球団がひとつ減り、一二球団制が崩れることになる。そのうえ、これを機に一部の有力球団のオーナーが球団数を大幅に削減し、将来的に一リーグ制にする意向を持っていることが明らかになったことから、プロ野球全体の再編問題に発展する。

反発したプロ野球選手会は「二リーグ一二球団制の維持」を要求、受け入れられなかった場合にはストライキ権を行使する可能性を示唆。九月に数度にわたって行われた日本プロ野球機構・球団側と選手会の初の労使交渉が最終的に決裂し、九月一八、一九日の両日、ついに初のストライキが決行されることになったのである。

私はストライキに賛成だった。一回目の労使交渉によってストライキが回避されたときも、「ストをやるべきだ」とメディアに語った。そのときの会見で、選手会長だった古田敦也は、選手関係委員会委員長の瀬戸山隆三《せとやまりゅうぞう》ロッテ代表が求めてきた握手を拒否し、気骨を見せたが、それでも選手会は弱腰だと感じたものだ。

というのは、選手会は「一パーセントでも近鉄を残す努力をすると約束したので、ストを回避する」と発表したが、オーナー側が「残す努力」などするわけがないと確信していたからだ。

そもそも、その時点ですでにオーナー会議は合併を認めていたのである。それどころか、密室で次の合併を画策していた。「残す努力をする」というのは、ストを回避するための方便にしか聞こえなかった。だから、ストはやるべきだと思っていたのである。

もちろん、ファンのことを考えれば、ストはやらないにこしたことはない。しかし、一気に問題が噴出した当時の状況は、逆に見れば、問題を解決し、プロ野球をより健全に発展させるチャンスだといえた。したがって、選手会は強引にオーナーたちを引きこんで、徹底的に改革すべきだったのだ。

西武の堤義明《つつみよしあき》オーナー（当時）をはじめとするパ・リーグのオーナーたちが一リーグ制を主張したのは、巨人戦の放映権料がほしいことが理由であることは明らかだった。そんな目先の利益にこだわって球界を縮小するのではなく、将来的な視野をもって巨人のおこぼれに群がるような歪な構造を改め、一二球団が共存共栄していくような仕組みをつくるべきだったのだ。

そのためにまず必要だったのは、なぜ球団経営がうまくいかないのかをよく考えることだったはずだ。前・後期制やDH制、そしてプレーオフ制度創設などいくつかの改革を行ってきたパ・リーグだが、それらはいずれも小手先といえるもの。根本的な改革ではなかった。営業努力も欠いていた。それでもかつては親会社の宣伝費と考えられる規模の赤字ですんできた。

けれども、FA制度や逆指名などで選手の契約金や年俸が高騰したのに加え、スター選手の海外流出でさらに観客数が減り、もはやにっちもさっちもいかなくなった。ここに経営難の理由があった。ならば、どうすれば収入を増やせるか、すなわち、どうすればより多くのお客さんに球場に足を運んでもらえるか、徹底的に話し合うべきだったのだ。

ほかにもドラフトや選手のメジャー流出、プロとアマの垣根の問題、さらにはコミッショナーの権限強化など、課題は山積していたはずだ。一リーグだ、二リーグだという前に、やるべきことをやり、問題をひとつひとつ解決していく。ストをそのための足がかりにするべきだったのだ。

結局、ストを受けて行われた三度目の交渉で「一二球団制の維持」をはじめとする合意が成立してストライキは終結、球界再編問題も一応の決着を見た。そして、東北楽天ゴールデンイーグルスという新球団が仙台に誕生、温かいファン迎えられ、地元に定着した。

しかし、諸問題の多くは解決されないまま、棚上げされたままくすぶっている。その意味で、あのストライキは一定の成果はあったのは認めるものの、もう一歩踏み込めたのではないかと、少々残念に感じているのである。

イチローの活躍とWBC制覇

二〇〇九年に開催された第二回ワールド・ベースボール・クラシックで、日本代表は二〇〇六年の第一回に続く二連覇を達成した。ディフェンディング・チャンピオンとしての重圧のなか、苦戦を乗り越えての連覇は賞賛に値する。

ただし、二連覇という結果に対しては、私は別に驚きはしなかった。勝って当然とまではいわないまでも、優勝するだけの力は充分に持っていると考えていた。なぜなら、私は「日本の野球は世界一である」と信じていたからだ。

その根拠は何か——むろん、体格やパワーだけでなく、打って投げて走るという技術でも、日本はアメリカやキューバをはじめとする中南米の国々にはかなわない。が、個人競技ではなく、接触プレーも少ないうえ、一球ごとに「間」がある野球というスポーツは、そうした「有形の力」だけでは勝負は決まらない。事前に情報を収集・分析して周到な戦略・戦術を立てたうえで、適材を適所に配し、組織力やインサイドワーク——いわば目に見えない「無形の力」——を駆使して戦えば、体力や技術に劣ったチームでも、互角に戦うどころか凌駕《りようが》することも不可能ではないのである。

なぜなら、「無形の力」は、体格や技術力が有限である——一七〇キロのボールを投げられるピッチャーも、年間八〇本塁打を打てるバッターも、一〇〇メートルを八秒台で走れるランナーもいないのだ――のに対して、無限であるからだ。磨けば磨くほど、研ぎ澄ませば研ぎ澄ますほど強くなるのである。すなわち、日本が有形にして有限の力に頼らず、無形にして無限の力を最大限に活用して戦えば、「アメリカやキューバ、恐れるに足りず」と私は思っていたわけだ。

そうした確信を私に抱かせたのは、やはりイチローのメジャーでの活躍だった。イチローが登場したころのメジャーリーグは、ステロイドで筋肉の鎧《よろい》をつくりあげた男たちがホームランの数を盛大に競い合っている時期だった。そのなかでイチローは、一見華奢《きゃしゃ》ではあるけれど、どんな球でも巧みに左右に打ち分け、駿足《しゅんそく》を活かして内野ゴロでもヒットにして出塁すると、すかさず盗塁を試みる。守っては広い守備範囲を疾走してボールをキャッチするや、レーザービームでランナーを刺してしまう。こうした、日本人ならではの長所を活かしたプレーで、アメリカに旋風を巻き起こしたのである。それればかりか、ステロイドの禁止により、かつての「打高投低」から「投高打低」となった現在のメジャーでは、イチローのようなタイプの選手がますます高い評価を受けるようになっているのだ。

そして、私の確信が現実に変わったのが、第一回ＷＢＣで日本が初代チャンピオンになった事実だった。王貞治監督に率いられたこのときの日本代表は、アメリカがメキシコに敗れたことでタナボタ式に準決勝に進出できたとはいえ、韓国との準決勝、キューバとの決勝では、投手陣を中心とする堅守と機動力あふれる攻撃を見せ、見事な優勝を飾ったのだった。

無形の力を実践して勝ち取ったWBC二連覇

したがって、そうした日本らしさを活かした野球を実践すれば、WBC連覇の可能性は高いと私は考えていたのである。逆にいえば、そういう選択をしないかぎり勝てないことは、たんに個々の力に頼るだけの野球を展開した北京オリンピックでの星野ジャパンが惨敗したことでも明らかだった。今回の日本代表を率いることになった原辰徳監督はそのことを理解していたのだろう、〝日本力〟をスローガンに掲げ、「日本野球の長所を活かした野球をする」と語った。

じつは私の見る限り、原の采配が光ったという場面は目につかなかった。が、選手の人選にはその意思が表れていたし、原の采配が目立たなかったということは、言い換えれば選手が原のやりたいことを理解し、実践していたということでもある。チーム全体に日本代表としての誇りと責任感が漲《みなぎ》っているように見えた。とりわけダルビッシュ有《ゆう》、岩隈久《いわくまひさ》志《し》、松坂大輔《まつざかだいすけ》を中心とする投手陣は見事な働きをした。

日本代表の総ホームラン数は決勝ラウンド進出チーム中、最少のわずか四本（韓国、アメリカ、ベネズエラはいずれも二ケタをマークしている）。それでも優勝したという現実が、少ない得点を堅守で守りきって勝つという日本の特徴を何よりも物語っていたし、そういう戦法が世界に通用するという事実を証明していた。すなわちWBC二連覇は、明治以来、一〇〇年以上にわたって日本人がつくりあげてきた野球が、ついにひとつの頂点に達したという意味で、最大の事件だったといっていいのではないかと私は思う。

第二章　誰も知らないあの事件の真相

メジャー相手に史上初の完封勝利

一九五〇年代から七〇年代には、二年に一度はメジャーリーグのチームが来日し、全日本をはじめとする日本のチームと対戦するのが通例になっていた。私も何度も出場したが、なかでも思い出に残っている出来事に、阪神のエースだった村山実とバッテリーを組んで、完封劇を演じたことがある。一九六二年の秋、相手はデトロイト・タイガースであった。

そのシーズンはア・リーグ四位に終わっていたタイガースだが、アル・ケーライン、ロッキー・コラビト、ノーム・キャッシュの〝ビッグ・ガン・トリオ〟を中心とする打線は迫力満点。事実、大毎《だいまい》オリオンズとの第一戦では初回にいきなり八得点の猛攻撃を浴びせ、一二対一と圧勝。その破壊力をわれわれに存分に見せつけた。

ただ、この勝利で「日本はたいしたことない」とナメてかかったようで、第二戦は日本シリーズ王者・東映と引き分け。第三戦は巨人に二対三で敗れた。が、結果としてこれでタイガースは〝本気〟になった。その後の試合では張本《はりもと》を敬遠したり、スクイズを行ったりと、メジャーのなかばプライドをかなぐり捨て、勝利にこだわる真剣勝負を挑んできたのである。

第七戦で敗戦投手となった村山が、雪辱を期して全日本の先発として後楽園球場のマウンドに上がったのは、タイガースの一一勝三敗で迎えた第一六戦だった。シーズン終了後、村山はあまり練習していなかったようだが、この日はストレートの伸び、フォークボールのキレともにすばらしく、先頭打者、二番打者を連続三振に斬ってとる絶好の立ち上がりを見せた。

村山は第七戦では力で押して自滅していた。そこで、私は外角低めのスライダーと内角低めのシュートで左右にゆさぶって追い込んだあと、ウイニングショットのフォークで勝負するというリードを選択。村山も、ストレートを投げるときは丁寧に低めをつき、しかもシュート回転をかける工夫をした。これが奏功し、調子に乗ってからは逆にフォークを見せ球にし、警戒させておいて最後はストレートで勝負することにした。

結果、村山は初回にフォアボールを出した以外、七回まで強打のタイガース打線相手にノーヒット・ピッチング。

「あのムービングファストボール（フォークボール）をなんとかしろ！」

タイガースのシェフィング監督はベンチで叫んだという。

結局、八回二死で迎えたロークの放った打球をスライディングキャッチしようとしたレフト・張本が落球。これがヒットと記録されたため、大記録の夢は破れたが、村山は被安打二の完封勝利をあげた。複数投手による完封は一九六〇年に巨人がサンフランシスコ・ジャイアンツ相手に達成しているが、単独では初の快挙だった。試合後、村山のもとにシェフィング監督がやってきて、いった。

「来年はうちのピッチャーになれ。おまえと契約したい」

この試合では四回にセンター越えの大ホームランを打ったこともあり、とりわけ深く私の心に残っているのである。

年間本塁打記録更新

王貞治が登場する前、あらゆるホームラン記録を次々に塗り替えていったのは私だった。なかでも思い出深いのが、〝和製ジョー・ディマジオ〟と称された小鶴誠《こづるまこと》さんが一九五〇年に打ちたてた年間最多本塁打記録五一本を更新したときのことだ。

「ホームランは狙って打てるものではない」

それが持論の私が、唯一、狙って打ったホームランだった。

一九六二年、近鉄との最終戦で山本重政《しげまさ》というピッチャーから四四本目の本塁打を放ち、別当薫《べっとうかおる》さんが持っていたパ・リーグ年間最多本塁打記録（四三本）を、当時近鉄の監督だった別当さんの目の前で抜いた私は、翌年、一三年間も破られることのなかった小鶴さんの記録に並び、藤井寺《ふじいでら》球場で行われる近鉄との最終戦に新記録樹立を懸《か》けることになった。

しかし、つい力んでしまい、三打席目までヒットすら打てなかった。おそらく最後となるであろう四打席目は、七回表に回ってきた。なんとマウンドには山本がいた。前年、別当さんの記録を更新する四四本目の本塁打を打ったときのピッチャーである。キャッチャーも同じ児玉弘義《こだまひろよし》だった。

ところが、二年連続新記録となる本塁打を打たれてはたまらないと考えたのか、近鉄バッテリーはストライクを投げてこない。ボールカウントはノースリーになってしまった。もはや記録更新は不可能かとあきらめかけた。

しかし、近鉄バッテリーにも若干の良心の呵責《かしやく》があったのか、外角への四球目は完全なボール球ではなかった。

「これが最後の打席だ。四球で歩いてもしかたがない！」

私はガーッと踏み込んで強振した。打球はショートの頭を越す低い弾道となったが、そのまま左中間スタンドに飛び込んだのである。

のちにレフトを守っていた土井正博がやってきて、いった。

「ノムさん、あのホームランはこんなでしたよ」

土井が開いた指の幅は、わずか一〇センチほどだった。それほどギリギリのホームランだったのだ。闘志をあまり前面に押し出すことのない私が、めずらしく執念を露《あら》わにしたのがこの打席だった。

ただ、あとで聞いたのだが、じつはホームランを打った四球目、児玉の出したサインはインコースのシュートだった。ところが指先に引っかかってアウトコース寄りにいってしまった。外のボールが三つ続いたあと、いきなりインコースを突かれていたら、打てなかっただろう。それを聞いて、またびっくりしたのを憶《おぼ》えている。

それはともかく、記録を塗り替えた私は思ったものだ。

「ああ、これで一〇年くらいはおれの名前が残るな」

ところがそれも束の間、執念で達成した私の記録は翌年、王に軽々と破られてしまったのである。

年俸減が生んだ戦後初の三冠王

タイトルの話をもうひとつ。

七五年余に及ぶ日本プロ野球の歴史のなかで、打率、本塁打、打点のすべてのタイトルを獲得する三冠王になった選手は何人いるかご存知だろうか。たった七人である（ただし、王貞治とランディ・バースは二回、落合博満は三回達成している）。最初は巨人にいた中《なか》島治康《じまはるやす》さんで、戦前（一九三八年）のことだが、そもそも当時は三冠王という概念自体がなかったらしい。この記録が認定されるきっかけは、戦後になってふたりめが誕生したことで。そして、そのふたりめが何を隠そう、この私だった。それは一九六五年のことだったが、私が三冠を獲得できた理由のひとつは、球団のあまりの仕打ちに対する反発心だった。

前年（一九六四年）、私は好調で、四一本塁打、一一五打点でホームラン王と打点王のタイトルを獲得。チームも日本シリーズで阪神タイガースを下し、日本一になっていた。

「どれだけ年俸が上がるか、楽しみだなあ」

期待に胸をふくらませて臨んだ契約更改の席。この年、新たに球団社長に就任した新山滋氏が提示した条件は、私の耳と目を疑うものだった。

「二〇パーセントダウン」

怒るというより、唖然《あぜん》とした。二冠王に輝き、チームも日本一になったのである。

「いくらなんでも、この提示はないだろう」

そう思った私は即座に「失礼します」といって立ち上がり、「まあ、話をしようや」と引き留める球団社長を振り切って部屋を出た。思えば、最初から例年とは違う雰囲気があった。私の契約更改は選手のなかでいちばん最後というのがこれまでの通例だった。それが、この年にかぎっていちばん最初に行われたのである。

要するにこういうことだ——中心選手である野村に最初に大幅ダウンを提示することで、ほかの選手に「今年の契約更改は厳しいぞ」と思わせ、年俸アップを最低限に抑えようと球団は考えたのである。赤字続きの南海にとって、これ以上選手の年俸を上げれば死活問題になるということだったのだろう。

だが、いい成績をあげて、しかも日本一になったのに給料が下がるのなら、選手は何をモチベーションにすればいいのか。

「南海ホークスは好きやけど、南海球団は嫌い」

交渉後の記者会見で私はそう口走ったが、あとに続く選手のためにも私は簡単に妥協するわけにはいかなかった。事実、東映フライヤーズの張本勲《いさお》が電話をかけてきてこういった。

「ノムさんのせいで僕らまで給料を下げられそうだから、絶対にハンコは押さないでください」

交渉はその後も平行線をたどった。年があらたまり、春季キャンプには自費で参加した。球団は減額の幅を縮小するなど多少の歩み寄りを見せたが、ダウン提示は頑《かたく》なに撤回しようとはしなかった。「打率（二割六分二厘）が低すぎる」というのである。二冠に輝いたとはいえ、本塁打も打点も、日本新記録の五二本塁打を放ち、一三五打点をマークした前年に較《くら》べれば落ちていた。

「もはやしかたないか……」

キャンプが終わるころ、ついに私は観念した。「三パーセントダウン」の条件を泣く泣く呑《の》んだのである。サインしたあとで、イヤミを込めて私は社長に訊《たず》ねてみた。

「いったい、どうしたら給料を上げてくれるんですかね？」

「……」

「じゃあ、三冠王を獲るしかないですね」

意外な結末

決意を秘めて突入した翌シーズン。いつもは夏場になってようやくエンジンがかかる私が、春先から打ちまくった。四月こそ打率二割六分三厘、四本塁打に終わったものの、五月の月間打率は三割三分三厘を記録し、ホームランも八本。六月も打率は三割四分四厘、七月にはなんと三割九分五厘をマークした。なかでも気がかりは本塁打だった。阪急のダリル・スペンサーが譲らなかったのだ。

そこで、一〇月頭の阪急との直接対決では、蔭山和夫代理監督（鶴岡監督は日本シリーズで対戦する予定の巨人の偵察に行っていた）が「おれが責任を持つから全部歩かせろ」というので、キャッチャーだった私としては嫌だったけれど指示に従うと、なんとスペンサーはバットのヘッドとグリップをさかさまに持って構えた。抗議のつもりだったのだろう。

だが――結局三冠王は意外なかたちで私のもとに転がり込むことになった。シーズン残り二週間を切ったころだったと思うが、私が球場入りすると、広報担当者が「おめでとうございます」とおかしなことをいう。

「何がだ？」

「スペンサーがバイクで事故を起こして足を骨折。今季絶望だそうです」

スペンサーは自宅から神戸・三宮《さんのみや》までオートバイで通っていたらしい。その途中で転んだのだという。

おかげで本塁打王のタイトルも自動的に私に転がり込み、私は三冠王を獲得。その年、南海は優勝を逃したのだが、にもかかわらず、私はMVPを受賞することができた。

「何か悪いことが起きるのではないか」

あまりにツイているので逆に怖くなったほどだったが、幸い、何も起こらず、その年の契約更改で、三〇歳の私はついに年俸を一〇〇〇万円台に乗せることもできたのである。

阪急に勝つために〝死んだふり〟

私が突如として南海の監督就任を要請されたのは一九七〇年、三五歳のときだった。前年、南海は二リーグ制になって初めて最下位に転落した。その責任をとって飯田徳治監督が辞任したため、私にお鉢が回ってきたのである。以降、七七年までプレーイングマネージャーとして指揮を執ったわけだが、残念ながら優勝は一度しかできなかった。だが、そのたった一度の優勝は、のちに私が監督としてつねに実践することになる「弱者の戦法」

が見事にはまったものだった。

当時、パ・リーグで隆盛を極めていたのは西本幸雄監督率いる阪急ブレーブスだった。三〇〇勝投手の米田《よねだ》哲也《てつや》、一試合連続９三振奪取の左腕梶本隆夫《かじもとたかお》、足立光宏《あだちみつひろ》と山田久志《ひさし》の両アンダースローを中心とする投手陣に、福本豊《ふくもとゆたか》、加藤英司《ひでじ》、長池徳士らを擁する打線がかみあった阪急に、南海は戦力ではとうてい太刀打ちできなかった。私は思案した。

「まともにいっても勝てる道理がない。どうすればいいのか……」

幸いなことに、パ・リーグではその年から二シーズン制が採用されることになった。シーズンを前期・後期に分けることでより多くのチームに優勝の可能性を広げるとともに、優勝争いが二回繰り広げられることで注目度を増やし、セ・リーグに水をあけられた人気回復を図るという、いわば苦肉の策ではあったが、南海には好都合だと思った。

私が描いたのは、ひとことでいえば「前期に獲り、後期は捨てる」という戦略だった。そのうえで五回戦制という短期決戦のプレーオフに勝負を懸けるのだ。一年一三〇試合という長期戦では阪急に勝ち目はないが、短期決戦ならつけいる隙は充分にあるとふんだのである。しかも、他球団の監督はみんな「こりゃ、大変だ。トーナメント方式で戦わなければ……」と考え、投手陣を無理させた。私は一三〇試合も、六五試合も長丁場に変わりはないと考え、戦い方は変えなかった。

結果は私の戦略どおりに運んだ。三八勝二六敗一分で前期優勝を飾ると、後期は三〇勝三二敗三分、阪急、ロッテに次ぐ三位で終えた。前期は八勝五敗と勝ち越した阪急には、後期は一勝もできなかった（一二敗一分）。このため「死んだふり」といわれることになったのだが、もともと私はこう考えていた。

「後期は阪急には三勝だけでいい」

つまり、プレーオフに勝てばあとは全部負けてもいいと考えていたのである。

筋書き通りでプレーオフ制覇

それではプレーオフはいかに戦えばいいのか――短期決戦には短期決戦ならではの戦い方がある。私の採った作戦は「奇数重視」、すなわち第一、三、五戦を取るというもので、とりわけ初戦に全力を尽くすことにした。

戦力ではかなわない。とくに後期は阪急に対して――織り込み済みだったとはいえ――一勝もできなかったから、初戦を落とせばそのままズルズルいきかねない。反面、劣勢を跳ね返して初戦をモノにできれば、チームのムードはガラッと変わるはずだ――私はそう考えたのである。

ただし、そのためには初戦の先発が予想される米田を打ち崩さなければならない。南海は米田を苦手としていた。フォークボールにやられていたのである。とはいえ、われわれはこういうデータも持っていた――第一に、米田は早いカウントではフォークボールを投げてこない。第二に、追い込んでからのストレートの直後はフォークボールが多い……。このデータを選手に伝え、私はいった。

「追い込まれて直球が来たあとのフォークを狙え」

そして迎えた初戦、南海は先発の西岡《にしおか》三四《さんし》郎《ろう》が初回と二回に本塁打で一点ずつ失ったものの、二回裏に相手の四球とエラーにつけ込んで米田を攻略、逆転に成功する。そこで私は即座に佐藤道郎《みちお》をリリーフに送り、さらに村上雅則《むらかみまさのり》とつないで、最後は先発の一角である江《え》本《もと》孟紀《たけのり》まで投入。狙いどおり三対二で逃げ切った。

第二戦は「予定どおり」落とすと、西宮球場に乗り込んでの第三戦は江本を立て、六対三でこれまた狙いどおりの勝利。第四戦は序盤に西岡がＫＯされて一対一三で大敗。二勝二敗のタイとなった。

いよいよ雌雄を決する第五戦は、南海は山内、阪急は山田が先発。八回まで両軍無得点という息詰まる投手戦となったが、九回表ツーアウト、ついに均衡が破れる。代打に送ったウィリー・スミスがなんとライトスタンドにホームランを叩《たた》き込んだのである。さすがの山田も緊張の糸が切れたのか、続く広瀬叔功が連続アーチをかけ、南海は二点をリードして九回裏を迎えた。

阪急の攻撃は簡単にツーアウト。誰もが南海の勝利を予想したが、ここで気まぐれな勝利の女神がいたずらをした。七回から好投していた佐藤道郎が代打・当銀秀崇《とうぎんひでたか》にまさかの一発を浴びてしまったのだ。マウンドに向かった私の目に、阪急ベンチから高井保弘が出てくるのが映った。翌年に代打本塁打新記録を樹立する代打の切り札である。しかも佐藤は高井と相性が悪かった。私は審判に告げた。

「ピッチャー交代、江本！」

意気に感じた江本は後続打者を目いっぱいのストレートで空振り三振に斬ってとり、南海は七年ぶりのリーグ優勝を達成したのだった。

後期の戦いぶりは「手抜き」と非難された。しかし、われわれはわざと負けたわけではない。いうなれば、「選択と集中」を実践しただけなのである。

「目標を達成するために、限られた戦力をどこに集中させれば最大の効果をあげられるか」

それを考えた末の結論が、この年の南海の戦い方であったのだ。

二〇一一年の日本シリーズで、中日のキャッチャーの谷繁元信《たにしげもとのぶ》が二三打数ノーヒットでワースト記録を更新したのが話題になったが、このプレーオフでの私も、わずか三安打、一割八分八厘に終わった。レギュラーシーズンでは打率三割九厘をマーク、本塁打も二八本放ったにもかかわらず、である。プレーオフではそれだけリードに専念していたのであり、そのために後期の阪急戦は、阪急の情報を収集・分析し、試す場にしていたのである。

営業と堀内に負けた日本シリーズ

こうしてリーグ優勝を遂げた南海は、日本シリーズで巨人と対決することになった。私にとって巨人とあいまみえるのはこれが五回目。一九五九年の初対決こそ杉浦の四連投で勝利したものの、以降は一度も勝てないでいた。

この年、最終戦でようやくリーグ優勝を飾ったように、すでにかつての強さに陰りが見えていた巨人ではあるが、南海と較べれば戦力は勝り、まして経験では天と地ほどの差がある。「まともにぶつかったらとても勝てない」と考えた私は、今回もプレーオフ同様、奇数戦重視の戦略を採用した。

初戦、巨人の先発・高橋一三《かずみ》を打ち崩し、われわれはシナリオどおりのスタートを飾った。ところが翌日の日曜日、想定外のことが起こった。その日の天気予報は雨だった。そのため、第二戦は中止になることを見込んで初戦を戦っていたのである。事実、初戦の終盤から降り出した雨は翌朝になってもやまず、大阪球場のグラウンドはとても野球をできる状態ではないことが予想された。

「よし、今日は中止だ。これでローテーションが楽になるぞ」

私はほくそえんだが、予報に反して九時頃になって急に陽が射してきた。「まずいな」と思いながら球場に行ってみると、幸いなことにグラウンドは水浸し。

「こいつは無理だ。中止にしてくれ」

私は球団の営業にかけあった。だが、営業は首を横に振った。

「もう和歌山から応援のための団体バスも出発しています。中止にするわけにはいきません」

「勝利と営業、どっちが大切なんや⁉　相手は巨人だぞ。月曜に順延したって絶対に満員になる。だったら今日は中止にしていいだろう」

だが、私の懇願は叶《かな》わず、試合は強行された。営業は目先の利益にこだわったのだ。想定外のことは試合でも起こった。われわれは巨人のエース・堀内恒夫をノーマークにしていた。というのも、前年に二六勝をあげた堀内はその年、一七敗（一二勝）を喫するなど非常に調子が悪く、南海のスコアラーは「日本シリーズの登板はない」と見ていたからである。

ところが、その堀内がこの第二戦にリリーフで出てきた、一点を追う七回、無死満塁という南海にとっての絶好機に……。無対策だったわれわれは、犠牲フライで同点に追いつくのがやっと。逆転のチャンスを逃したばかりか、延長一一回、堀内に決勝タイムリーを打たれて敗れたのである。

この日曜日でシリーズの流れは完全に巨人に行った。一日空いて後楽園球場に舞台を移して行われた第三戦は堀内が先発。三回と六回にはホームランまで打たれて完投勝利を許してしまった。シナリオが狂った南海は、そのままズルズルと第四戦、第五戦を落とし、目の前で巨人にＶ９を達成されることになってしまったのだった。

もちろん、堀内のバッティングがいいのは知っていた。スコアラーからは「スライダーとカーブをうまく打つ」との報告があった。それで私は堀内が打席に立った際、決め球にシュートを要求したところ、ものの見事にスタンドに運ばれた。

「堀内はヤマを張るのがうまいのだ」

私が気づいたときにはもう手遅れだった。堀内が「スライダーやカーブをうまく打つ」のは、彼が「そのボールが来る」とヤマを張ったからだったのだ。もしスコアラーが「堀内はヤマを張ってくる」という情報を伝えてきたら、結果は変わったはずである。まだ若かった私は、自分で確認しない不完全な情報を信じてしまったのだ。選手兼任とはいえ監督としてはじめて臨んだ日本シリーズは、あらためて私に、不確かな情報に頼ることの危険さと、正確な情報の必要性を認識させる結果となったのだった。

野球を取るか、女を取るか

日本一を逃してから四年後の一九七七年、私は南海の監督を退くことになった。事実上の解任である。

一九七〇年に最下位チームの監督に就任して以来、優勝は一度だけだが、一九七一年と一九七五年以外はAクラスをキープ。一九七七年も二位につけたのだから、成績を理由に解任されるのは理不尽といえないこともない。

解任の最大の理由は私生活、はっきりいえば女性問題にあった。当時私は、前妻との離婚調停中だったが、それが成立しないうちに、現在の妻である沙知代《さちよ》と同棲《どうせい》していたことが問題視されたのである。九月下旬に川勝傳《かわかつでん》オーナー、森本球団社長、飯田新一《いいだしんいち》後援会長（髙島屋社長）、そして私の後援会長だった葉上照澄《はがみしょうちょう》師（比叡山延暦寺阿闍梨《ひえいざんえんりゃくじあじゃり》）によるトップ会談が行われ、更迭が決まったらしい。

じつはその前に葉上師に呼ばれた。沙知代を伴って寺を訪ねたが、彼女には会ってもらえない。私だけでなかに入ると、師はいった。

「野球を取るか、女を取るか、ここで決断せい！」

「女を取ります」

即答した。それを聞いた師は念押しするようにいった。

「野球ができなくなってもいいんだな」

「仕事はいくらでもあるけれど、伊東《いとう》沙知代という女は世界にひとりしかいませんから」

私はそう言い放ち、席を立った。車に待たせていた沙知代に結果を伝えると、すぐさま彼女は僧の制止を振り切って寺の奥へ入っていき、師に向かって啖呵《たんか》を切った。

「野村を守るのが後援会長たるあんたの立場でしょ！　野球ができなくなるとはどういう

ことよ！」

剣幕におののいた師はあわてて受話器を取り上げて、いった。

「警察を呼ぶぞ」

「厳しい修行をしてきたはずの偉い僧侶《そうりょ》の対応がこれか……」

師に対する私の畏敬《いけい》の念はきれいさっぱり吹き飛び、迷いもなくなった。同時に、沙知代に対して「この女はただものではないな」とあらためて思ったのだった。

妻とのなれそめ

沙知代とはじめて会ったのは監督兼任となった年だから、一九七〇年の夏だった。マネージャーとふたりで、表参道《おもてさんどう》にある行きつけの中華料理店に行った。午後二時半ごろだったのでほかに客はいなかった。われわれがテーブルについたときだった。ひとりの女性が店に駆け込んできた。店の女将《おかみ》がいった。

「監督、いい人を紹介してあげる」

それが沙知代だった。名刺をもらうと「代表取締役」とある。

「へえ、女性社長かあ。すごいなあ」

私はびっくりしたが、当時の彼女は野球にはまったく興味がなく、見たこともなかったらしい。もちろん私のことなど知るはずもなく、「どんなお仕事をされているのですか？」と訊《たず》ねてきた。

「雨が降ったら仕事にならない職業です」

私が答えたので、道路工事関係だと思ったようだ。女将が「いやあねぇ、監督さんよ」とフォローすると、「ああ、現場監督なんだ」。

あらためて女将に「野球の有名な監督さんよ」と紹介されるや、目を丸くして驚き、すぐにふたりの息子――団《だん》とケニーに電話をかけにいった。聞けば、当時小学生だったふたりは大の野球ファンだったのだ。

「だったら、今夜の試合に招待しますよ。ご一緒にいかがですか」

そういうと、彼女はハンドバッグからお守りを出していった。

「それならこれを持っていって。絶対に勝てるから」

実際、お守りをユニフォームのポケットにしのばせて試合に臨むと、試合に勝ったばかりでなく、ホームランも打つことができた。それから沙知代とのつきあいがはじまった。

先ほど述べたように、当時私は離婚調停中だった。先輩の紹介で知り合い、結婚した前妻は裕福なお嬢さん育ち。対して私は早くに父親を亡くし、貧乏のなかで育った。プロ野球選手になったのも、なんとかして貧乏生活から抜け出したいと願ったからだった。それが私のモチベーションになったのだが、そんな私と妻では何もかもが合わなかった。当然、いつしか気持ちはすれ違い、別居にいたった。それに加えて私は監督になったばかり。確固たる指導方針を持っておらず、選手との兼任も予想以上に難しかった。そんなこんなが重なって、精神的にどん底の状態にあった。

そこに現れた沙知代はさっぱりした性格で、話をしていると心が癒《いや》されるのを感じた。しかも、たまたま店で出会った外国人と英語で会話をしている。

「この人、英語もペラペラなのか……」

いつしか彼女は私にとってかけがえのない存在となっていた。彼女と野球をはかりにかければ、彼女のほうが重たくなっていたのだ。

解任のほんとうの理由

「野村監督解任」

「女性問題が命取り」

「私生活を現場に」

複数のスポーツ新聞の一面にそういう見出しが躍ったのは、九月二五日のことだった。まだシーズンは終わっておらず、私は「最後まで責任をまっとうしたい」と懇願したが、球団からは「もう出てこないでいい」と申し渡された。結局、記事が出た二五日に行われた日本ハムファイターズとのダブルヘッダーが、二四年間慣れ親しんだ南海ホークスのユニフォームを着た最後の日となった。

二七日、私はチームと離れ、ひとり大阪へ。自宅マンションにひきこもった。球団からは何度も「会いたい」との連絡があり、報道陣をかわすため、隣に住んでいた江夏の助けを借りて窓から脱出、某ホテルで球団代表と密《ひそ》かに会合を持つことになった。

「自分から辞任するというかたちにしなさい。そのほうがのちのちのためにもいい」

代表はいったが、私は断った。

「解任でけっこう。そのほうがすっきりします」

数日後には川勝オーナーとも会った。

「私ひとりではどうすることもできなかった。申し訳ない。せめて、きみの後援者たる葉上さんが『許してやってくれ』といってくれればなんとかなったと思うのだが……」

ずっと私を支援してくれていたオーナーの言葉で救われた気がした私は、「豪快にやろう」との沙知代の言葉に従って一〇月五日、大阪北区のロイヤルホテルで記者会見を行い、こうぶちあげた。

「鶴岡元老に吹っ飛ばされたということです。スポーツの世界にも政治があるとは思わなかった」

テスト生上がりの私を抜擢《ばってき》し、レギュラーとして使い続けてくれた鶴岡さんだが、いつしか私とのあいだにはすきま風が吹くようになっていた。「親分」と呼ばれた鶴岡さんは、恭順を示す〝子分〟は厚遇したが、反面、〝一家〟と距離を置く選手は冷遇した。前者の代表が杉浦や広瀬だったとすれば、後者のそれは私だった。これはひがみや嫉《ねた》みではない。現に、杉浦に対しては酷使した反面、腫《は》れ物に触るように接していたが、私は三冠王を獲ったときでさえ、面と向かっていわれた。

「何が三冠王じゃ。ちゃんちゃらおかしいわい」

私が前妻との仲人を頼みにいったときは「監督が一選手の仲人をするわけにはいかん」と断ったくせに、広瀬のときは引き受けた。

私が嫌われた理由はいまだにわからない。ただ、鶴岡さんは豪快そうに見えて気の小さな人だったから、チーム内で次第に私の影響力が高まっていくのに危機感を抱いたのではないか。監督になった私が鶴岡一派のコーチを斬り、ブレイザーら鶴岡色の薄い人材を起用したのも――むろん、派閥という低次元なレベルではなく、たんに必要だからそうしたのだが――気に食わなかったのだろう。

私の解任劇の背景には、こうした鶴岡さんの感情が影を落としていたと想像する。そこにたまたま私の不倫問題が持ち上がったので、その機を利用したのだろう。要は鶴岡さんがなんとしても私を辞めさせたがったのだ。事実、私の後任には鶴岡さんに忠実な広瀬が就き、広報担当などの人事も鶴岡一派の人間が起用されたのだ。

生涯一捕手

二四年間在籍したチームを追われるようにして去ることになった私だが、その後の展望はまったくなかった。

「関西なんかにいないで東京に行っちゃいましょうよ」

沙知代がそう提案したので、彼女の持つ東京のマンションに引っ越すことにしたのだが、それまでずっと関西で暮らしてきた私には、東京には知り合いと呼べる人間はいなかったし、なにより「仕事はいくらでもある」と強がったものの、具体的なアテはない。正直不安でいっぱいだった私は、まだ幼かった息子の克則《かつのり》を後部座席に乗せて東京に向かう車中、沙知代につぶやいた。

「これから何をして生きていこうか……」

するとと彼女はあっけらかんといった。

「なんとかなるわよ」

「そうだよな。命を取られたわけじゃない。なんとかなるよな」

沙知代の言葉で不安や迷いが一気に吹き飛んだ気がした。

事実、それから間もなくして、ロッテオリオンズから誘いがあった。川勝オーナーの推薦だったという。ただ、当時私はすでに四二歳。ユニフォームを脱ぐべきか脱がざるべきか迷っていた。私自身は現役を続けたい気持ちが強かったが、周囲の人間はみな「これ以上続けても晩節を汚すだけ。引退したほうがいい」と反対した。悩んだ私は、師と仰ぐ評論家の草柳大蔵《くさやなぎだいぞう》氏に相談することにした。

「自分としてはボロボロになるまで野球を続けたいのです。どこからも声がかからなくなるまで……」

　すると草柳氏はこういった。

「おおいにやるべきです。禅の言葉に「生涯一書生」というのがある。人間、生涯が勉強です」

「それでは私は〝生涯一捕手〟でいきます」と返した。

　目の前が開けたような気がした。

「生涯一捕手」――以来、私はこの言葉を座右の銘とすることになったのである。

ロッテからの監督就任要請

　とはいうものの、ロッテの一選手として親子ほど歳の違う選手と一緒に練習をしていると、なんともいえない虚《むな》しさを感じてしまうのは事実だった。金田正一《かねだまさいち》監督からは「若手らにいろいろ教えてやってくれ」といわれていたのでアドバイスをすると、コーチが煙たがったのだろう、金田監督に呼ばれていわれた。

「コーチがやりにくいといっている。悪いが、教えるのはやめてくれ」

　このときはさすがに悔し涙が出た。テスト生から一流打者の仲間入りをし、監督にまでなった。その私がいま、このような仕打ちを受けている。監督を解任された悔しさもあらためて思い出された。

結局、その後も思うような働きはできなかったが、シーズンも終わろうとしていた九月、ロッテの重光《しげみつ》オーナーから呼び出しを受けた。自宅に私を迎えたオーナーは、単刀直入にいった。

「監督をやってくれませんか」

ありがたかった。しかし、私には引き受けるわけにはいかない理由があった。金田監督との関係である。優勝の可能性が消えてからの監督は、ゴルフ場から球場に直行することが頻繁にあり、ときには遅刻することもあった。金田監督は、それを私がオーナーに密告しているのではないかと疑っていた。直接、問い詰められたこともある。もちろん、身に覚えがないので否定したが、金田さんは納得していないようだった。そんな状況のなかで私が監督になれば、どうなるか。「あの野郎、やっぱり」となるに決まっている。そうした経緯を話したうえで、私はきっぱり断った。

「私が引き受けたら、金田さんは絶対に誤解する。彼の手前、引き受けるわけにはいかないのです」

オーナーは「ロッテはきみに再生してもらうしかないんだ。本当の野球を教えてくれ」とまでいってくれたが、私は固辞した。気がつけば、八時間以上も話し込んでいた。山内《やまうち》一弘《かずひろ》さんの監督就任が発表されたのは、その翌日だった。

引退の真相

山内新監督就任を受け、ロッテを去る決意をした私は、その年誕生したばかりの西武ライオンズに移籍することになった。これも川勝氏の口添えだったという。

私にもまだやれるという自信はあった。キャッチャーは何より経験が重視されるポジションだ。まだまだ若手には負けないと自負していた。プロ野球の最年長出場記録は、阪急で選手兼任監督を務めた浜崎真二《はまざきしんじ》さんという人の四八歳だという。それを追い抜いてやるという気持ちでいた。

西武での二年目となる一九八〇年、三〇〇〇試合出場という前人未到の記録を達成した。だが、肉体の限界はもはや気力では補えなくなっていた。引退を決めた日のことは鮮明に憶えている。その年の九月二八日、阪急とのゲームだった。一点を追う八回、一死一、三塁のチャンスで打順が回ってきた。

「最悪でも外野フライで同点はまかせてくれ」

打ち気満々で打席に向かおうとすると、根本陸夫監督から呼びとめられた。

「代わろう」

代打の通告だった。代打を送られるのは、二六年間の現役生活ではじめての経験であり、屈辱だった。ベンチに戻り、代打の鈴木葉留彦《はるひこ》が凡退することを祈った。そのせいでもなかろうが、代打策は四―六―三のダブルプレーという最悪の結果に終わった。私は内心、「ざまあみろ」と思った。

だが、帰りの車中、そうした自分の姿に気づいた私は愕然《がくぜん》とした。野球選手はつねに個人よりチームを最優先に考えなければならない。それは監督として私が選手たちに説いてきたことでもあった。それなのに、私利私欲にとらわれ、仲間の失敗を望んでいる自分がいた（余談だが翌日の新聞の相手の上田監督の談話にすごく救われた。「いやな場面でノムさんが出てきたなあ。でもＰＨに鈴木が出てきてほっとした」と……）。

「もはや野球を続ける資格はない」

そう思った私は、翌日監督室に直行し、今季かぎりで引退する旨を告げたのだった。

三〇一七試合出場――さまざまな記録のなかで、私はこの数字をもっとも誇りに思っている。

「つねにトップクラスにいて、長く続けること」

それがプロの価値だと信じているからだ。三〇〇〇試合に出場した選手はほかにいない。あの王にも破られることはなかったのである。

監督に下積み経験は必要か

解説や評論活動が評価されて私は、縁も所縁《ゆかり》もないヤクルトスワローズから突然、監督就任の要請を受けた。南海時代に選手兼任監督を務めたものの、それ以外はあとにも先にも指導者の経験はなかった。コーチもしたことがない。引退後の九年間は現場を離れていた。

メジャーリーグでは、どんな名選手であってもまずはマイナーで指導者としての経験を積み、そこで実績を残してからステップアップしていくのがふつうだ。そこで日本でも、「まずはコーチや二軍監督を経験してから監督になるべきだ」との声は多い。

むろん、名選手ならすぐに務まるほど監督業は甘くない。それは私がいちばんよくわかっている。だが、だからといって——自分がそうだからいうわけではないが——コーチを体験する必要があるとも思っていないということはすでに述べたとおりである。

なぜなら、そうやってステップアップしていった人間が監督として必ず成功するかといえばそうではないし、アメリカのように多層的なマイナーリーグを持たない日本で積める経験はそれほど大きなものではない気がする。

それよりも私は、一度外から野球を眺める経験のほうがはるかに重要だと考えている。縁も所縁もないヤクルトから、私のもとに監督就任要請があったのも九年におよんだ解説者・評論家としての活動が評価されたからであるし、その後、これだけ長いあいだ監督を続けてこられたのも、その九年間があったからだと思っている。

というのは、外から見ていると、現場では見えないこと、気づかないこと、わからないことがいかにたくさんあるか思い知らされるからである。

コーチといえども、所詮《しょせん》はチームの一員である。人間は欲から逃れられないから、どうしても勝ちたいと思う。そういう観点からゲームを見てしまう。ましてゲーム中は勝つために監督の手足となって自分の役割をまっとうするので精一杯。冷静に勝因や敗因を分析する余裕はない。

なにより、コーチがゲーム中にいる場所は自分のベンチである。ということはゲームを斜めから見ているわけで、片側から見ているだけでは見えてこない、もしくは見逃してしまうことは想像以上に多いものなのだ。

対して評論家はゲームを俯瞰《ふかん》して、敵も味方もないから冷静かつ客観的に見ることができる。グラウンドではわからないことにずいぶんと気がつかされるのである。事実、解説をしながら私は、南海時代の自分はなんとダメな監督だったのかと思い知らされたものだ。

もうひとつ、言葉を獲得するためにも解説や評論はおおいに役に立つ。

指導者にはやはり言葉が欠かせない。プレーではなく、言葉――知識や理論も含む――を通して、選手をして信頼させ、動かしていかなければならない。

ところが、往々にしてプロ野球選手は精神野球を経験してきた者が多く、言葉の大切さを理解していない。とりわけ名選手ほど言葉を軽視する。感覚で理解できてしまうからだ。だから指導者になっても言葉に重きを置かない。

しかし、大部分の選手は名選手ではなく、したがって感覚だけでは理解できない。言葉を必要とするのだ。「名選手必ずしも名監督たりえず」というのは、ここにも理由がある。

その点、野球選手ではない人たち、野球をやったことがない人たちのほうが多い一般の人々を相手にする解説・評論は、平易かつ的確で、わかりやすい言葉で野球の魅力を伝えなければならない。それができなければお払い箱になるだけ。嫌でも言葉を磨かなければならないのだ。

監督となってからも役立った野村スコープ

むろん私とて、解説や評論の仕事が監督業のための糧になるなどとは夢にも思わなかったし、言葉の大切さも理解していたわけではない。社交性にも処世術にも長《た》けていない私は、二度とグラウンドに戻ることはないと考えていたから、食うために必死に解説や評論を行っていたのであり、そこで自分がいかに言葉を持っていないか思い知らされたことで、本を読んだりして勉強せざるを得なかった。結果的にそれらが監督業に役立つことになったのである。

現役を引退した私は、評論家としてある新聞社と契約を結んだ。それで試合が終わると記者が私のもとに取材にくるようになった。私のコメントをまとめて翌日の記事にするためだ。話しはじめると、なぜか記者が慌てだした。彼はテープレコーダーはおろかメモすら持っておらず、あまりに私がたくさんしゃべるので、パニックになってしまったのだ。

「いままでの評論家センセイは、ひとことくらいしか語ってくれなかったもので……」

記者はそういった。それで「どうせ野村も同じだろう」と思い込み、手ぶらでやってきたというわけだった。それまでの選手あがりの評論家など、その程度のものだったのだ。テレビを見ていても、ほとんどの解説者が結果論だけですましていた。

「解説者になったからには誰にも負けない解説をしてやる」

そう決意した私は、「野球の持つ魅力と奥深さ、一球ごとに変化する勝負の機微など」を一般の人たちに伝えるにはどうすればいいのかつねに考えていた。そうやって考えついたのが「キャッチャーから見たバッターの攻略法を紹介する」解説であり、そのために誕生したのが、テレビ画面に九分割したストライクゾーンを映し出し、配球を解説・予想する「野村スコープ」だった。

幸い、この新手法は好評をもって迎えられたが、野村スコープの精度を上げるためには日々、さらなるデータを集め、分析し、それを活《い》かす方法を考えなければならなかった。そのうえで適切な試合評を語るためには、その結果を生むにいたった勝因、敗因、キーポイントなどを振り返り、まとめなくてはいけない。

考えてみれば、それらは監督の仕事のひとつであり、そうした作業を繰り返すうちに、「勝つためにはどうすればいいのか、何が必要なのか」ということがおぼろげながら理解できた気がした。いってみれば私は九年間、無意識のうちに監督業を行っていたといえるのだ。

だから、いきなり監督になってもすべきことはわかっていた。チームや個々の選手に何が不足しているのか、即座に見抜くことができたのである。

四年目で念願の日本一

ヤクルトでは四度のリーグ優勝、うち三度日本一になった。それぞれ感慨深い優勝であったが、やはりいちばん印象が強いという意味では最初の日本一、すなわち就任四年目、一九九三年の日本シリーズにとどめをさすだろう。

相手は前年に引き続き、森が率いる黄金時代の西武だった。前年は何もかもがはじめての経験。しかも、攻撃、守備、走塁、どれをとっても戦力は西武が上。最終的には七戦までもつれたが、四タテも覚悟していた。正直、セ・リーグの代表として恥ずかしくない試合をできるのかという不安のほうが大きかった。

しかし、二度目となるこのときは若干の余裕があった。前回は阪急とのプレーオフ同様、遮二無二初戦を取りにいかざるをえなかったが、今回はむしろ第二戦重視。第一戦はいってみれば相手の戦力と状態を再確認し、その後の戦い方を決めることが主たる目的となった。そのために先発は、コントロールがよく、敵に探りを入れるのに最適な荒木大輔を立てることにした。

戦前の分析では、西武は内角に弱いとされていた。それを確かめるために荒木には内角を執拗《しつよう》に攻めさせた。結果として初回にふたつの死球を出したが、これで石毛宏典《いしげひろみち》をはじめとする西武の各打者がベースにかぶるようにして構えていることがわかった。そうすることで、弱点である内角に投げさせないようにしていたのである。

一方、打線には「ファーストストライクから積極的に打っていけ」と指示を出した。監督としての私には「待ち球作戦」というイメージがあるかもしれない。が、それはリードされた終盤にランナーをためるためである。ファーストストライクは往々にして甘いボールが多いので、序盤にそれを見逃す手はない。結局、これが奏功して初戦、第二戦とヤクルトは連勝した。

だが、私は嫌な気持ちがしていた。というのは、二試合とも相手のミスに救われた部分も多かったのに、古田がベンチに戻ってきてこういっていたからだ。

「西武はど真ん中のボールを平気で空振りしている。甘い、甘い」

案の定、第三戦は二対七で大敗した。試合後、私は何人かの選手を名指しで叱った。ファーストストライクを何の気なしに見逃すことが増えたし、守っても、相手がエンドランをしかけたいと思っているような場面で、ボールカウントを簡単にワンツーという、もっともエンドランをかけやすいカウントにしてしまった。どちらも連勝したことで相手をナメた結果、起きたミスだったからだ。

シリーズを迎えるにあたって、前回の反省を踏まえて、あらためてチェックし直したポイントがいくつかあった。併殺を阻止するためのスライディング。本塁でクロスプレーになったときのブロックの方法。牽制《けんせい》。そして、犠牲フライを打たせないための配球といったようなことだ。これらを徹底すれば、失点はかなり防げるはずだった。それが見事にハマったのが第四戦だった。

とりわけ白眉《はくび》だったのが、一対〇とリードして迎えた八回表、二死一、二塁の場面。鈴木健《けん》の中前安打をキャッチした飯田のバックホームで二塁ランナーの笘篠誠治《とましのせいじ》を刺したプレーである。これには飯田の好返球もさることながら、古田のブロックが大きかった。古田はあえてホームベースの一角を空けておいて、そこに笘篠をワザと突っ込ませたのである。これはユマ・キャンプでメジャーリーグのコーチから伝授されたプレーだった。もしも笘篠に回りこまれていたら間に合わなかったかもしれない。となれば、この試合の行方はわからなかった。

しかし、続く第五戦、第六戦は連敗。三勝三敗のタイに持ち込まれてしまった。ただ、ヤクルトにとって非常に幸いだったのは、第六戦が雨で順延されたことだ。おかげで第四戦で西武打線を無得点に抑えた川崎憲次郎《かわさきけんじろう》が使えることになったからだ。もし予定通り行われていたら、西村龍次《にしむらたつじ》と荒木でまかなわなければならず、ヤクルトとしては苦しい状況となっていたはずだった。

そうして川崎を立てた第七戦。ヤクルトは初回に広澤克実《ひろさわかつみ》のスリーランが飛び出し、先制する。その裏、川崎も清原和博《きよはらかずひろ》に二ランを献上したが、その後はほぼ完璧《かんぺき》なピッチング。最後は高津臣吾《たかつしんご》が締めくくり、ヤクルトは一五年ぶりに日本一に輝くことができたのである。

このシリーズでは、敵将である森の考えが手に取るようにわかった。それは森も同様だったに違いない。おたがいが知力の限りを尽くし、裏をかきあい、さらにその裏をかきあった。それ以前もその後も、これほど高度なぶつかりあいが繰り広げられた日本シリーズは経験することがなかった。その意味でも忘れ難いのである。

ただ一度の悔し涙と前代未聞の胴上げ

ヤクルトの監督を九年務めたあと、阪神で三年、社会人のシダックスで四年、そして楽天で四年間指揮を執った私は二〇〇九年、ひとまずユニフォームを脱ぐことになった。

二位となり、初の出場を果たしたクライマックスシリーズ第一ステージの開幕前、選手を集めてのミーティングで私はいった。

「みんなの力でクライマックスシリーズに出られました。感謝しています。とにかく第一ステージを勝ち抜こう。ここで心をひとつにしなければならない」

クライマックスシリーズが始まる前に解雇通告を受けていた。なんで私がクビになるのかわからない。何球団も渡り歩いてきたが、こういうのははじめてだった。日本シリーズに行っても続投はないといわれた。しかし選手には伝えなかった。

第一ステージはソフトバンクに二連勝。日本シリーズまであと一歩まで迫ったが、第二ステージで対戦した日本ハムはやはり強かった。〝ノムニーニョ現象〟と命名したシーズン終盤からの神通力も日本ハムには通じず、札幌ドームで行われた第五戦が最後のゲームとなった。

ところが、その後意外な〝事件〟が起きた。山﨑武司《やまさきたけし》が音頭をとり、私の胴上げがはじまったのだ。しかも、教え子でもある稲葉篤紀《いなばあつのり》や武田勝《たけだまさる》をはじめとする日本ハムの選手、のみならずコーチの吉井理人《よしいまさと》、監督の梨田昌孝《なしだまさたか》までが加わって……。

敗軍の将が、敵地で、勝ち軍の監督までが参加して胴上げされることなど前代未聞だろう。敵地にもかかわらず、スタンドでは盛大な〝ノムラコール〟も起こっていた。

感無量だった。「優勝して胴上げされているときにことされる」というのが私の望みだったけれども、負けたにもかかわらず、相手チームの選手にも押し上げられて宙を舞うのも決して悪い気持ちではなかった。選手時代は王を、監督になってからは長嶋をライバルと勝手に思い込んできた私だが、彼らふたりでさえ味わうことのできなかった体験をできた。長年ふたりに対して抱いてきたコンプレックスが、ようやく最後に少しだけ払拭《ふっしょく》できた気がしたのだった。

第三章　プロ野球場外乱闘

“ムース”の名づけ親はW・メイズ？

最近は呼ばれることがないので若いファンのなかには知らない方も多いと思うが、かつて私のニックネームは「ムース」だった。ムースとは、アメリカのロッキー山脈などに棲《せい》息《そく》するヘラジカのこと。では、なぜ私がそう呼ばれることになったのか。

一説では、その名づけ親はメジャーリーグのスーパースター、ウィリー・メイズだといわれているようだが、本当のところはわからない。ただし、メイズもその一員として来日したサンフランシスコ・ジャイアンツの連中がつけたことは間違いない。

一九六〇年秋の日米野球だった。私がバッターボックスに入ろうとしたときのことである。

「モース、モース！」

突然、ジャイアンツのベンチから大合唱が聞こえてきた。見ると、選手たちが私を指さしながら笑っている。どうやら私のことをいっているらしい。「モース」の意味がわからない私には、何がおかしいのかわからなかった。気になったので、試合後、通訳に頼んでみた。

「おれのことを『モース』って呼んでいるみたいなんだけど、どういう意味か訊《き》いてきてくれないか?」

するとと、帰ってきて通訳がいうには、「モース」ではなく「ムース」だという。バットをかついで、のっそのっそと打席に入る私の姿が、ヘラジカが歩く様子とよく似ているらしい。のちにカナダに行ったとき、実物のムースを見たことがあったが、たしかになんとなく私に似ていて、親しみを感じたのを憶《おぼ》えている。

それはともかく、相手ピッチャーのデータがない日米野球では私はあまり活躍したことがないのだが、そのシリーズにかぎっては第二戦から最終一六戦まですべての試合に出場し、三九打数一四安打、九打点をマークした。そのため、メジャーリーガーたちにも強い印象を残したらしく、「ムース」の愛称はかなり広まったらしい。その後来日するメジャーリーガーはみなそう呼んだし、ブレイザーもそうだった。はるかのち、西武ライオンズ時代にフロリダでキャンプを張ったとき、メイズがやってきて、私の顔に気づくと「ヘイ、ムース!」と呼びかけてくれたのを懐かしく思い出す。

ビールかけのルーツは南海にあり

いまでは優勝チームの恒例行事となっているビールかけ。これを初めて行ったのは、何を隠そう、南海である。

たしか一九五九年、リーグ優勝を達成したときのことだった。当時、南海にカールトン半田《はんだ》というハワイ生まれの日系二世選手がいて、彼はアメリカのマイナーリーグでプレーした経験があった。アメリカには優勝チームがシャンパンをかけあって喜びを分かち合う風習があり、それをカールトンはやりたかったのだろう、祝勝会の席で優勝の立て役者である杉浦の頭にいきなりビールを浴びせたのである。

「何をするんだ!」

びっくりした杉浦が怒ると、カールトンは答えた。

「アメリカでは優勝するとこうするんだよ」

それを聞いた杉浦がビールをかけかえすと、ほかの選手もおもしろがってたがいにビールをかけあいはじめた。あの鶴岡監督でさえ、ビールを浴びせられて喜んでいたのを憶えている。

この話には後日談がある。日本シリーズで巨人に勝ったあとの祝勝会でもビールかけは行われたのだが、宿舎の会場が当時は旅館で畳敷だった。そのため、その後その部屋は使えなくなり、旅館からめちゃくちゃ怒られてしまった。当然、すべての畳を交換しなければならないハメになったが、そういえばあの費用はいったい誰が払ったのだろうか。

幻に終わったNH砲

長嶋が私と南海で同僚になる可能性が高かったことは以前述べたが、じつは張本勲も南海に入団していたかもしれないといえば、驚く人も多いのではないか。

彼が高校二年生のときだったと思う。南海のテストを受けに来たのだ。彼は広島出身なので、やはり広島出身の鶴岡監督のツテを頼ってテストを受けたのだと思う。当時の張本はピッチャーだったと記憶している。

幸か不幸か、「学校はきちんと卒業しなさい」との理由で不合格になったが、もし合格していたらNH砲、いや長嶋が入団していたら、NNH砲か……。

ただ、長嶋もそうだが、果たして張本と私が同じチームでプレーできたものか。彼の人柄は嫌いではないが、張本くらいチームを私物化した選手もいないだろう。いまは解説などでは盛んに自己犠牲の精神を説いているようだが、たとえばこんなことがあった。

ツーアウト、ランナーを一塁に置いて彼が打席に入った。一塁ランナーは駿足《しゅんそく》の大下剛《おおしたつよ》史《し》だった。すると張本はランナーに向かっていった。

「おまえ、走るなよ。じっとしとれ」

ランナーが一塁にいると、一塁手はベースについているから一、二塁間が広くなる。つまり、ヒットゾーンがそれだけ広がってヒットが出やすくなるから「そのままいろ」というわけだ。

レフトを守っていても、左中間に打球が上がるともう捕りにいかない。センターに向かって「お〜い、おまえ行け」。追いかけるふりはするけれど、本気で球を追うことはない。肩も弱い。本当にバッティングにしか興味がなかった。そんな選手と一緒にプレーしなければならないとなれば、キャッチャーとして私はたまったものではなかったろうと思うのだ。

ヤクザに啖呵を切ったピッチャー

もはや時効だろうから、いってしまおう。

先に述べた黒い霧事件からずいぶんたったあとで聞いた話だが、あるピッチャーが実際に八百長を依頼されたのだという。どうしても断れなくてOKしたらしいのだが、その登板の日はやたらと調子がよかった。

「八百長なんてやってられない」

そう思ったピッチャーは、そのまま完投して勝ち投手になってしまった。

ところが、試合が終わって気がついた。

「絶対に殺される……」

だが、そこからがそのピッチャーの真骨頂だった。

「来るなら来やがれ」

覚悟を決めたピッチャーは、日本刀を用意してヤクザが来るのを待っていたそうだ。

そのピッチャーは、ヤクザの親分の息子の女に手をつけたこともあったらしい。

「人の女に手をつけやがって、ただで済まされると思っているのか？」

ヤクザに嚇《おど》されたらしいが、そのときも啖呵《たんか》を切ったという
「来るなら来やがれ」

幸いなことに、どちらのケースもヤクザがやって来ることはなかったらしいのだが……。

スパイ大作戦

いまでもプロ野球ではサインを盗むことは禁止されている。が、昭和三〇年代から四〇年代にかけては各チームがせっせとスパイ行為に励んでいたものだ。

サイン盗みの元祖は、西鉄を率いていたころの三原脩さんだといわれているようだが、これには私にも思い当たる例がある。当時南海に木村保《たもつ》さんという早大のエースだったピッチャーがいて、彼は一年目から二〇勝をマークしたのだが、なぜか西鉄だけにはひとつも勝てなかった。どういうわけか、西鉄打線だけには打たれてしまうのである。あまりに不思議だった私はベンチに戻って思わずつぶやいた。

「あいつら、サインをのぞいてるんと違うか？」

途端、鶴岡監督の大声が響いた。

「バカもん！」

「プロがそんなことするわけないやろ！」というのである。だから、南海はそうした行為はいっさいやらなかったし、その後はほかのチームも行わなくなった。それを復活させたのがV9時代の巨人である。

日本シリーズで私は何度も巨人と対戦したが、毎回驚かされたことがある。巨人打線はボール球にいっさい手を出さないのだ。しかも、打つ時はあたかも球種やコースを予測していたかのごとく見事に狙い打つ。トレードで巨人から南海にやってきた選手に「巨人はサインを盗んでいる」と聞いて、「やっぱり」と思った。

なかでも忘れられないのが一九六五年の日本シリーズ第五戦だ。同点で迎えた最終回、一打サヨナラの場面でバッターはルーキーの土井正三。私は迷わずマウンド上の杉浦にシュートのサインを送った。土井はシュートを苦手としていた。ましてや全盛期を過ぎたとはいえ杉浦のシュートを新人が簡単に打てるわけがない。ところが、土井はシュートを待っていたかのように三遊間に転がし、南海はまたも日本一を逃すことになったのだ。

いつだったか、ある航空会社がその年のMVPや優勝監督をヨーロッパ旅行に招待してくれたことがあり、その際、巨人のリードオフマンだった柴田勲《しばたいさお》に訊《たず》ねたことがある。

「おまえら、サイン盗んどるやろ」

柴田は肯定も否定もしなかったが、ニヤリと笑ったものだった。

目には目を

では、いったいどんな方法で巨人はキャッチャーのサインを盗んでいたのか。

おそらくセンター方向のスタンドに潜んだスタッフが望遠鏡を使ってのぞき、解読したのだろう。私の聞いたところでは、そうして盗んだサインをなんらかのシグナルでベンチに送り、それを控えの選手がバッターに伝えるのがひとつ。ランナーが二塁にいるときは、ストレートならランナーがピッチャー寄りに数歩前に出てからリードする。カーブなら右投手の場合はライト方向に一度体重をかけてからリードし、左投手ならその逆といった具合にバッターに伝達していたそうだ。

むろん、私も盗まれないよういろいろ工夫した。たとえば、サインはキャッチャーが股《こ》間《かん》から出すのがふつうだが、私はそれを二段階に分け、まずは巨人のベンチをうかがうふりをして何気なく右手をひざの上に置き、その右手で第一のサインを出した。親指を人差し指で隠したらストレート系、隠さなかったらカーブ系という具合である。そのあと股間から出すふつうのやり方でカーブもしくはスライダーなど球種を特定したわけだ。

ところが、それでも巨人には見破られた。あとで森昌彦がいうには、ひざの上の右手の動きがぎこちなかったそうだが、本当のところはいまだにわからない。

盗まれてばかりなのは癪《しゃく》だから、私もスパイ行為を行ったこともある。監督になってからのことだ。コツコツ集めたデータをもとに、ひとりひとりのバッターに対していかに最善の配球をするか頭を悩ませていたのに、それがのぞかれているると知ったときの悔しさといったら……。仕返ししないではいられなかった。「目には目を」である。

さっそくセンタースタンドに偵察員を派遣したのはいいが、大阪球場の照明が暗くて複雑なサインは判明できないことが多く、かといって高性能の望遠鏡も貧乏球団ゆえに買ってもらえない。また、巨人のように協力してくれるテレビ局や新聞社もなかった。

そこで、コーチの知り合いがいた電器メーカーに、電波で振動する受信機を試作してもらい、それをバッターの足につけ、ベンチからシグナルを送ることにした。ところが、実験では成功したのに、本番ではうまく作動しなかった。バッターが汗をかいたため、振動しなかったらしい。それでバカらしくなってやめてしまった。

オールスターでの王との対決

私の生涯打撃成績を見てほしい。通算本塁打、打点、安打、塁打……いずれも歴代二位に名を列《つら》ねている。

では、その上にいるのは誰か。そう、王貞治である。王は安打以外、すべてでトップなのだ。私が王を上回っているのは試合数、打席数、打数のほかは、犠牲フライ、併殺打、三振くらいのもの。年間最多本塁打記録を一三年ぶりに更新すれば翌年にすぐ抜かれる、前人未到の六〇〇号は先を越される、私が戦後初の三冠王を獲得すれば、王は二年連続で三冠王になる……。

「王がいなければなあ……」

何度私は嘆いたことか。と同時に、思ったものだ。

「なんでそんなに打たれるかなあ。おれなら絶対打たれないのになあ……」

パ・リーグは日曜祭日はデーゲームだから、夜はいつも巨人戦を観ていた。

「バカ！　なんでそんな攻め方をするんだよ」

画面を観ながら、いつも相手チームのキャッチャーを野次っていたものだ。

じつは王はインコースを打つのがうまくない。ちょっとボールをスライドさせれば、みんなファールになる。ところが、そのファールが火を噴くような弾丸ライナーなので、ついインコースを攻めるのをためらってしまうのだ。

とりわけ一九七三年に通算本塁打記録で追い抜かれたときは、セ・リーグのキャッチャーに対して腹が立ってしかたがなかった。それで私は決意した。

「よし、よ〜く見ておけよ。王はこうやって打ち取るんだよ」

セ・リーグのキャッチャーたちに模範を見せるつもりで王と対峙《たいじ》した結果、一九七三年以降のオールスターで私がマスクを被ったときの王の成績は、二七打数一安打。本塁打、打点ともちろんゼロ。ほぼ完璧に抑え込んだ。

「もしおれがセ・リーグにいたら、絶対におれの記録は抜かれていない」

私がたびたびそう口にするのには、こういう根拠があったのである。

江夏の九連続奪三振と一度だけゴロを狙った話

オールスターといえば、一九七一年のそれをいまだ鮮烈に憶えているオールドファンは多いだろう。西宮球場で行われた第一戦で、江夏豊が空前絶後の九連続奪三振を達成したあのオールスターである。

あの快挙は、江夏とある新聞記者の何気ない会話がきっかけとなったらしい。前年に黒い霧事件に巻き込まれ、再起を誓ったその年、しかし江夏は心臓疾患に苛《さいな》まれ、前半は不調だった。にもかかわらずファン投票で一位に選んでくれたファンの意気に感じた江夏は、記者に訊ねたという。

「オールスターで誰もやっていないことって、どんなことかな？」

江夏の軽い問いかけぶりから本気だとは思わなかった記者は、「そりゃあ、九人とも三振に斬ってとることだろう」と答えた。すると江夏はこともなげにいったという。

「ほな、それいこ」

このオールスターにはもちろん私も出場していた。が、パ・リーグの監督を務めた濃人《のうにん》渉《わたる》さんが「ベテランは疲れているだろうから、第一戦は休んでくれ、若手中心でいく」といって、初戦の捕手は阪急の岡村浩二《おかむらこうじ》を先発させた。それで私はコーチとして一塁のコーチャーズ・ボックスで見ており、幸か不幸か、この大事件の当事者になることはなかった(この試合、パ・リーグ打線は江夏のあとを受けた渡辺秀武《ひでたけ》(巨人)、高橋一三(巨人)、水谷寿伸《みずたにひさのぶ》(中日)、小谷正勝《こたにただかつ》(大洋)からもヒットを奪えず、ノーヒットノーランを達成されている)。

ただ――これは私もつい最近知らされたのだが、じつは江夏の連続奪三振記録は「九」ではなかった。前年のオールスターを五連続奪三振で終えていたのだという。合わせると「一四連続」となる。その記録をさらに伸ばすべく、江夏は第三戦にも登板してきたのである。

六回表だった。江夏は先頭の代打・江藤慎一《えとうしんいち》から一五個連続となる三振を奪う(当時の私はこれで一〇連続だと思っていた)。次のバッターは私だった。

「パ・リーグで育った人間として、これ以上恥をかくわけにはいかない。連続記録だけはなんとかストップしよう」

そう決意した私は、このときかぎりはホームラン王のプライドをかなぐり捨てて、バットを短く持った。

「とにかくボールに当てよう」

そう考えたのである。結果はセカンドゴロ。江夏の記録は「一五」で止まった。二七年におよぶ私の現役生活で、唯一ゴロを狙った打席だった。

ただ、試合後の談話では江夏に嫌味をいわれた。

「野村さんはずるい。あんなバッティングされたら三振はとれないよ」

江夏いりまへんか?

「江夏いりまへんか?」

阪神の監督だった吉田義男《よしお》さんから電話がかかってきたのは、一九七六年の一月だったと思う。

「なんですか、こんな朝早くから」

そういったのを憶えているから、午前中だったのだろう。私は一瞬、意味がわからなかった。江夏といえば、いわずとしれた阪神のエースである。それを「いりまへんか？」とはどういうことか……。

「江夏って、もうひとりおるんですか？」

思わず問い返したほどだ。まさかあの江夏をトレードに出すとは思いもしなかったからだ。すると、吉田さんは答えた。

「あの大投手の江夏でんがな」

「どうしてですか？」

「いや、もうわしの手には負えんのですわ。野村くんならうまく手なずけて使いこなすだろうと思って……」

吉田さんと江夏のそりが合わないのは知っていた。どうやら本気らしい。私は訊ねた。

「誰がほしいんですか？」

「おたくに江本っていますわな。江本とのトレードを考えてくれまへんか？」

「わかりました。でも、僕の一存で決めるわけにはいかないので、明日、球団に訊いてみます」

　翌日、球団を訪れた私は、球団社長にいった。

「阪神が『江夏いりまへんか』っていうてまっせ」

「えっ？　本当か？　よし、乗ろう。江夏が来れば客が入るやろう。ところで、誰と交換だ？」

「江本です」

「そりゃええやないか。もともとただでもらった選手だし」

　江本は東映フライヤーズで敗戦処理をしていたところを私が目をつけて獲得したピッチャーだった。南海でエースに成長したので私としては痛かったが、やはり江夏の人気は別格だ。トレード話は一気に進んだ。

　ところが、肝心の江夏がＯＫしない。「阪神を出るくらいならユニフォームを脱ぐ」といってきかなかった。そこで私が直接交渉に乗り出すことになった。

　交渉にあたって私は、「南海に来い」とはいっさいいわないことに決めた。江夏は自尊心が高い。しかも、野球に対する興味、向上心は非常に高い。そのあたりをくすぐれば、「野村と野球をしたい」と考えるはずだ——私は確信していた。

実際、夕食を兼ねて三時間に及んだ交渉は、野球談議に終始した。なかでも江夏が鋭く反応したのは前年の広島戦、ワンアウト一、二塁で衣笠祥雄を迎えたときの話を振ったときだった。江夏はツースリーから衣笠を空振りの三振に仕留め、三塁に走ってきた二塁ランナーを刺してダブルプレーでピンチを切り抜けた。その一球について、私はこういったのだ。

「あのとき、わざとボール球を投げて空振りを誘っただろう」

江夏の目がキラッと光った。その瞬間、「わかりましたが誰も気づいていませんよ」と言った。その言葉で江夏は南海に来ると私は確信した。そして、別れ際、用意してきた殺し文句をつぶやいた。

「一度でいいから、おまえと野球をやってみたい。江夏が投げて、野村が受ける。これは芸術になるぞ」

江夏がトレードを承諾したのは、それからすぐのことだった。

悲劇のストッパー

江夏はその後、「革命を起こしてみないか」との私の口説き文句で抑えに転向。ストッパーの代名詞的存在となるわけだが、かつては二線級投手の役割とされていたリリーフを、日本で最初に専門職にしたのはおそらく巨人にいた宮田《みやた》征典《ゆきのり》だろう。心臓疾患のため、長いイニングを投げられなかったので、投手コーチだった藤田元司さんがリリーフに転向させたのだという。

一九六五年には六九試合に登板して二〇勝、うちリリーフで一九勝をマーク。当時はまだセーブという記録はなかったが、現行の規定に照らせば、二二セーブをあげたことになるらしい。登板するのが八時半頃のことが多いことに後楽園球場のウグイス嬢が気づいたことから、〝八時半の男〟というニックネームがついたのは有名な話。

ただ、宮田の場合はロングリリーフも多かったし、酷使がたたって実働期間が短かった。セーブの記録がなかったこともあって、ストッパーといえばやはり江夏豊というイメージが強いのではないかと思われる。

しかし、じつは「革命」を起こした男は、それ以前にいたのである。それも南海に……。

その名を佐藤道郎という。一九七〇年、私の監督就任と同時に南海に入ってきた。すでにアメリカでは先発～中継ぎ～抑えの分業制が確立されつつあった。いずれ日本もそうなると確信していた私は、若く、体力がある佐藤を一年目からリリーフに抜擢《ばってき》した。

すると、いきなり一八勝をあげ、最優秀防御率と新人王を獲得。一九七三年にはリーグ優勝に貢献し、翌年創設された最多セーブ賞にも輝くなど、不動のストッパーとして活躍してくれた。

ただ、一九七七年に阪神から移籍してきた江夏が血行障害を抱えていて長いイニングを投げられず、リリーフで使うしかなかったため、先発に転向させざるをえなかった。先発としても佐藤は一二勝をあげたのだが、宮田と江夏の活躍が鮮烈だったので、その狭間にある佐藤のストッパーとしての印象が薄れてしまった。私もたびたび江夏のことに言及するので、私のところにやってきて、こぼしたことがある。

「監督、そりゃないですよ。リリーフは僕が最初でしょう」

「プロは人気がモノをいう世界だからしょうがいない。我慢せい」

私はそう答えたのだが、佐藤の気持ちもよくわかった。そこで、ここであらためて「佐藤が最初の本格的ストッパーである」と記し、彼の名誉を回復する次第である。

ケチ森の面目躍如

〝巨人の三大ケチ〟という話があり、初代は川上哲治さん、別所毅彦さん、中尾《なかお》碩志《ひろし》さんだという。この三人を引き継いだのが、牧野茂さん、広岡達朗さん、森昌彦とのことだ。初代のお三方と牧野さんについては、本当にケチなのかどうか私は知らない。が、広岡さんと森については思い当たることがある。

のちに監督としてもしのぎを削ることになる森は、現役時代に私がキャッチャーとしてライバル視していた唯一の選手で、当時は低かったキャッチャーの評価を高めたいと、切《せっ》磋《さ》琢《たく》磨《ま》してきた同志でもある。

日本シリーズの前になると、森はいつも私の家にやってきた。対戦するパ・リーグチームの情報を収集するためである。おたがい野球の話となるといくらでも続けられるので、深夜まで話し込むことはザラだった。夜中になれば腹が減る。外へラーメンなどを食べに行くことも多かったのだが、その際は代金を払うのはいつも私だった。

私から情報を収集しているのだし、たかがラーメン程度なのだから、森がご馳《ち》走《そう》するのが筋だと思うのだが、彼はそんなそぶりはいっさい見せなかった。それどころか、彼はもっとすごい〝蓄財〟をしていたことがあとになってわかったのだ。

あるとき、巨人の参謀を務めていた牧野さんと話す機会があった。そのとき、私は牧野さんにぼやいた。

「情報収集にあれだけ協力したのに、巨人からはいっさい見返りがなかったんですよ」

「それは変だな」

牧野さんは意外な言葉をつぶやいた。

「何がですか？」

私が問いかけると、牧野さんはいったのだ。

「『野村に渡せ』といってちょっとしたみやげに森に三万円預けたはずだがな……」

つまり、森は三万円をちゃっかり猫ババしていたわけである。これには怒りを通り越して、苦笑するしかなかった。

財布を持たない広岡さん

ヤクルトと西武で三回の日本一に輝いた広岡達朗さんも、ケチという点では森に負けてなかった。いや、森以上といえるかもしれない。

広岡さんも私も評論家をしていたころ、ある試合をたまたま隣り合わせで観戦したことがあった。広岡さんについて、以前からある噂を聞いていたので、真偽を確かめることにした。

「広岡さん、外出するときいつも財布を持って出ないそうですね」

「そうだよ。財布なんていつも持って歩かんからな」

「何でですか？」

「必要ないもん」

「じゃあ、外で飯を食おうと思ったり、お茶を飲みたくなったときはどうするんですか？」

　すると、広岡さんは屈託なくいったのである。

「誰かが払うよ」

　実際、その試合でそういう事態に直面した。私はコーヒーが好きだ。だから観戦中も数杯飲むのが常なのだが、自分だけ飲むのも気が引けるので、「広岡さんコーヒー飲みますか」と声をかけ、いつも私がコーヒー代を出していた。ふつうなら、一度おごられたら次はおごり返すものだと思うのだが……。ましてや広岡さんのほうが年長だ。しかし、広岡さんは「付き合ってやっている」という意識だったのだろうか、一度として「おれが払うよ」とはいわなかった。

　ただ、森にしろ、広岡さんにしろ、私は好意的に解釈している。彼らはケチなのではない。相撲界と一緒で、自分が払うという習慣や感覚がないだけなのだ。巨人という人気チームにいて、しかもスターだったから、どこに行ってもタニマチに取り巻かれ、自分で金を支払う習慣がない。いつも人が払ってくれる。それが当然という感覚だったのだろうと私は解釈している。

ささやき反応あれこれ

現役時代の私は、バッターの集中力を乱したり、少しでも思考を攪乱《かくらん》させるために「ささやき戦術」をよく使った。打席に入ったバッターに対してマスク越しに、たとえば飲み屋で仕入れた私生活の秘密をポロッともらしたり、タイミングよくファールすると「おいタイミング合ってるぞ」と投手に向けて大声でつぶやいたりするわけである。それに対する反応はさまざまであるが、印象的な選手を何人か紹介しよう。

まずはものの見事に成功したケース。巨人の柴田勲は一時、歌手の伊東《いとう》ゆかり嬢との交際が伝えられていた。そこで彼女のヒット曲、『小指の想い出』を歌ってやったら、「ノムさん、勘弁してくださいよ」。動揺は隠せず、たしかセンターフライに打ち取った。

田淵幸一も素直に反応するタイプだった。まだ新人のとき、オールスターで対戦したことがあった。私は田淵にいった。

「おい、新人。打たせてやるよ」

と、次はストレートだという雰囲気をつくった。

オールスターということもあって、ぼんぼん育ちの田淵は素直に信じてストレートを待った。むろん、私のサインは変化球（カーブ）。あえなく三振したのはいうまでもない。

試合後の田淵のコメントが面白い。「プロの厳しさを知りました」だった。

東映にいた白仁天《はくじんてん》という選手もささやきに弱い選手で、あまりにたまりかねたのかあるとき耳栓をして打席に入ってきたことがあった。

「ノムさん、これ」

してやったりという顔をしていたが、つまりはそれほど私のささやきが気になっているわけで、案の定、キャッチャーフライを打ち上げた。

やはり東映にいた大杉勝男《おおすぎかつお》は、白仁天同様、私のささやきについに我慢の限界を超えたらしく、本気になって「うるせえ！」と怒鳴ってきた。私のほうが先輩だったから、「誰に向かって言ってるんだ！　おまえはいつからそんなに偉くなったんだ？」と言い返して、ケンカになりかけたこともあった。

逆にまったく通じなかった選手の代表は長嶋だ。「最近、銀座行ってる?」と聞いても、「ノムさん、このピッチャー、いい球投げるね」とまったく違う答えが返ってくる始末。「こいつには何をいってもダメだ」とあきらめた。

王貞治も意に介さないタイプだった。もっとも王は礼儀正しいからきちんと返事はしてくれる。が、プレイコールがかかると一転、ガーッと集中する。これには長嶋と同じく、ささやいてもムダだと観念した。

張本勲に対しても私はささやく戦術をやめた。張本はその理由を「わざと大きな空振りしてバットで(野村の)頭を殴ったら、それからはやらなくなった」といっているようだが、本当の理由はこうだ。彼は見かけによらず神経質で、バッターボックスに立つとき、軸足の位置をホームベースを基準に測って決める。そんな状況で話しかけると、いつまでも打席に入らない。それでやめたのである。

万人共通のゴロゾーン発見の秘密

ささやき戦術を使わなかった打者がじつはもうひとりいる。大毎オリオンズにいた榎本《えのもと》喜八《きはち》がその選手である。田宮、山内、葛城《かつらぎ》らとともに〝ミサイル打線〟の中核を担い、

〝安打製造機〟と称された榎本には剣豪のようなムードがあり、なんとも言い難いオーラが感じられ、ささやくのを躊躇《ちゅうちょ》してしまったのだ。

榎本ほど選球眼のいいバッターを私はいまだ見たことがない。選球眼のよさでは王も有名だが、王の場合は、ベースの上の高低のボールに手を出すことはあった。

こんなことがあった。左打席に立つ榎本の内角ギリギリいっぱいに決まった。

「ストライク！」

が、じつはボールひとつぶん外れていた。マスクを被《かぶ》っていた私にはそれがわかったが、あまりにすばらしいボールだったので球審は思わずストライクとコールしてしまったのだ。

すると榎本は球審をジロリと見、つぶやいた。

「三センチ外れてるよ……」

これには私も震え上がった。こんなバッターには後にも先にもおめにかかったことがない。

ただ、両サイドのボール球は完璧に見切った榎本であっても、ワンストライクを取られると、ホームベース上を通る高めと低めのボール球だけは手を出した。これにはカウントに対するバッターの微妙な心理が影響している。バッターは「まだ追い込まれていない」

という優位感から、真ん中のボール球にはつい手が出てしまうのだ。

私は、この心理を利用して何人もの強打者を打ち取ってきた。一―〇もしくは一―一というボールカウントで、真ん中からやや外よりの低めに落ちる球を投げさせるのである。すると、どんな強打者でも引っかけてゴロを打つ確率が非常に高いのだ。

私が「万人に共通するゴロゾーン」と呼んだこの攻略法を発見したのは、黒い霧事件にさいて述べた際にも触れた池永がきっかけだった。正確な年は忘れたが、一九六〇年代後半にオールスターで池永とバッテリーを組むことになった。試合前、サインの打ち合わせをしていたときのこと、池永がいった。

「野村さん、もしランナーが一塁に出たら、必ずゲッツーを取りますから」

オールスターでは一流と呼ばれるピッチャーの球を何度も受けてきたが、そんな大言壮語した奴はいなかった。相手だってセ・リーグを代表するバッターばかりなのだ。

さっそくランナー一塁の場面がやってきた。「さて、お手並み拝見といこうか」という気持ちでマスクを被っていると、池永はど真ん中からややアウトコース寄りにポトンと落としてきた。「しめた」と思ったバッターは強振。ボールはバットの下に当たって、見事に六―四―三のダブルプレーが成立した。

「こういう配球があったのか――」

私はびっくりした。それまでの私の頭には、ダブルプレーがほしいときにはインコースを詰まらせて内野ゴロを打たせるという発想しかなかったからだ。

さっそくほかのバッターにも試してみると、ほとんどが引っかかった。それまで攻略法がみつからなかった長嶋や選球眼のいい榎本、そして弱点がまったくなかったイチローにも通用したのである。

イチローと飛行機で遭遇

いま名前があがったイチローの才能と技術、残した実績は非の打ちどころがない。コンディションづくりを含めた野球に対する姿勢のすばらしさは私も認めるにやぶさかではない。

ただ、彼の態度には「いい格好をしよう」という意識がそこかしこに見え隠れする。報道陣の質問に答えることは少ないし、答えたとしても受け答えがいいとはいえない。

「くだらない質問には答える義務はない。もっと勉強してから来い」

おそらく彼はそういいたいのだろうし、その気持ちはわからないでもないが、どんなときでもどんな質問に対しても丁寧に答える松井秀喜《まついひでき》と較《くら》べると、「人間としていかがなものか」と感じてしまう。

こういうことがあった。私がヤクルトの監督だったころだ。富山かどこかでオールスターがあり、東京から飛行機で移動することになっていた。私はいつも一列目の席を用意してもらっていたのだが、その日はなぜか二列目。「どうしてだ？」とマネージャーに訊ねると、「とれなかったんです。誰かＶＩＰが乗るんじゃないですかね」。

しかし、その一列目の客がいっこうに乗ってこない。もちろん飛行機には一般の人も乗っていて、みんながその客を待っていた。どのくらいたったのだろう、ようやく姿を現したので「どんな奴だろう」と見てみると、イチローだ。しかも、私に気づいても知らん顔。あいさつもしない。まあ、日本シリーズで戦ったとき、ことあるごとにイチローを「口撃」したから、それを根に持っていたのかもしれないが、それにしても年上の大先輩に対してそういう態度は許されるものだろうか。

どうやら彼は、オリックスの監督だった仰木彬《おおぎあきら》から特別待遇を与えられていたようで、ほかの選手と移動が別ならホテルも別。ひとり勝手な行動をしていたらしい。どうやらアメリカに行っても、そういう態度は変わらず、チームメートにも人気がないらしい。

「野球人である前によき社会人であれ」

私はそうあるべきだと思うのだが、いまは実績さえ残せば何をやっても許される世の中になってしまったのだろうか……。

軍隊上がりのアンパイヤ

キャッチャーというポジションだっただけに、アンパイヤ、すなわち審判とはさまざまなやりとりがあった。

なかでも強烈な印象が残っているのが、通称〝デンさん〟と呼ばれた田川豊《たがわゆたか》という審判だった。数あるデンさんのエピソードのなかでも傑作だったのが、大阪球場でスペンサーを打席に迎えたときのことだ。

得点差とかアウトカウントといった状況は忘れてしまったが、とにかくツーストライクからピッチャーが投じた球は、ボール三つぶんくらい外にはずれている完全なボール球だった。当然、スペンサーは見送った。すると、デンさんはすごい勢いで叫んだのである。

「ストラ～イク、バッタ―、ア～ウト！」

それもスペンサーの面前まで行ってコールしたのだ。

頭にきたスペンサーが怒って食ってかかろうとしたら、デンさんは日本語で堂々といった。

「文句あるのか！」

さすがのスペンサーもその剣幕には引き下がらざるをえなかった。だが、傑作だったのはそのあとだ。所定の位置に戻ったデンさんはこういったのである。

「チッ、あんな奴らに戦争で負けたと思ったら腹が立つわ。仕返ししてやった!!」

軍隊経験のあるデンさんは、どこかで戦争で負けた仕返しをしてやろうと思っていたらしい。

「すごい執念ですね」

私は感嘆しながらも、思わず笑ってしまったものだ。

キャッチャーは審判を味方にしたほうが得なのは間違いない。デンさんなどは愛嬌《あいきょう》があって、ストライクをボールとジャッジされたときに「先輩入ってますよ」と文句をいうと、「ごめん」と素直に認めたが（その反対に、ボール球をストライクと判定したときには私の背中を突いて、暗に「助けてやったぞ」と言わんばかりだった）、また、逆に絶対に自分は間違っていないと言い張るアンパイヤもいた。一時、オーバーアクションで人気を博した露崎元弥《つゆざきもとや》さんがその典型で、完全なストライクを「ボール」とジャッジされたので抗議すると、「紙一枚外れている」。

まさしく「人を見て法を説け」の類《たぐい》で、そういう審判には逆らったら仕返しされるから触らぬ神にたたりなしだが、気の弱い審判が誤審したときは大声でかみついたほうがいい。ビビッてストライクゾーンが広くなるからだ。

いまのキャッチャーはどこまで考えているのか知らないが、われわれのころのキャッチャーは、アンパイヤの性格をよく把握して、おだてるのがいいのか、頭ごなしにガーンといったほうがいいのか、そのあたりのテクニックは心得ておいたものだ。

西鉄の大逆転を演出した二出川さん

その点、デンさんは感情的になりやすいから、あの鶴岡監督でさえ、「デンさんには文句いうな」と選手たちに忠告していたものだったが、鶴岡監督が「絶対に文句をいうな」といっていた審判にもうひとり、二出川延明《にでがわのぶあき》さんがいた。三原監督の抗議に対して、「俺がルールブックだ」という名セリフを吐いたことで知られる名物審判である。

駒沢球場《こまざわ》で東映と戦ったときのこと、杉山光平《すぎやまこうへい》さんという南海の三番を打っていたバッターが、見逃し三振を喫してベンチに帰ってきた。そうしてベンチから二出川さんに向かって「下手くそ！」と大声で野次った。すると二出川さんは南海ベンチまで歩いてきて、やさしい声でいった。

「だ〜れ？　いまいったの、だ〜れ？」

と二度繰り返して言った。すると大声で、

「僕です」

杉山さんが申し出たとたんだった。

「ゲットアウト！」

一九五八年、西鉄と巨人の日本シリーズでは、こんなことがあった。三連敗した西鉄が一矢報いたあとの第五戦は、九回表まで巨人が一点リードし、西鉄最後の攻撃を迎えた。先頭打者は代打の小淵泰輔《こぶちたいすけ》。二―二からの五球目、小淵が弾き返した打球は三塁線へ。誰が見てもファールだった。サードの長嶋も捕りにいかなかった。

ところが、三塁の塁審を務めていた二出川さんは「フェア」と判定。水原監督と長嶋の猛抗議にも判定は覆らなかった。これでゲームの流れが変わり、絶不調だった関口清治《せきぐちせいじ》さんにタイムリーが出て同点。さらに一〇回裏、なんとピッチャーの稲尾和久《いなおかずひさ》にサヨナラホームランが生まれ、そのまま西鉄が四連勝。奇跡の大逆転が生まれたのである。

二出川さんはパ・リーグの審判だった。審判引退後には巨人びいきの審判がいることを実名をあげて公表したこともあった。あの判定には、絶対にそうしたことが影響していたと私は信じている。

気持ちが入っていないからボールだ！

ことほどさように二出川さんは硬骨漢だったわけだが、私もその気骨を感じさせられたことがある。

かつて南海に皆川睦雄というピッチャーがいた。私と同期入団で、最初の二年間は未勝利だったが、三年目に大きく飛躍、南海の中心投手のひとりとなった。

その年の大阪球場での西鉄戦だった。その日も皆川は好調で、スイスイと快調に強打の西鉄打線を抑えていた。そうして迎えた八番の和田博実《わだひろみ》に対して、皆川はノースリーにしてしまった。

「どうせ打ってこないだろう」

そう思った皆川は、四球目にど真ん中にハーフスピードのストレートを放ってきた。実際、和田は見逃した。ところが、二出川球審は高々とコールした。

「ボール！」

びっくりして私は振り返ったが、皆川も血相を変えてマウンドから降りてきて「どうしてあれがボールなんだ？」と二出川球審に詰め寄った。すると、二出川球審はこう言い放ったのである。

「プロは真剣勝負を見せることでお金をもらっている。それなのに、いまの球はまったく気持ちが入っとらん。だからボールだ！」

いった二出川さんもすごいが、「わかりました」と素直に引き下がった皆川もあっぱれだった。それればかりか、皆川はのちにこう語った。

「私には数え切れないほどの恩人がいるが、生涯忘れられないのは二出川さんだ。どんなときでもあのコールを忘れないようにし、一球たりとも遊び半分で投げたことはない。人生観そのものが変わった」

その年、肩を壊した皆川がアンダースローに転向してシンカーを武器に甦《よみがえ》ったばかりか、一九六八年には最後の三〇勝投手となるなど長期間にわたって活躍ができたのは、おそらくこの一件が大きかったと私は思う。

ちなみに二出川さんの娘さんは、元宝塚の女優だった高千穂《たかちほ》ひづるさんである。

王ボール、長嶋ボール、野村ボール

「巨人と戦うときは、敵は一〇人だと思え」

スタンカが投じたど真ん中のストレートを、円城寺球審に「ボール」とコールされた試合に触れたとき、その言葉の意味がわかったと先に述べた。

「どうして巨人に有利な判定が多いんだ？」

ある審判に訊ねたことがある。すると、こういう答えが返ってきた。

「意識したことはないけれども、やはりプロ野球は巨人中心に回っているのは事実。潜在的に〝がんばれ巨人〟という意識があるんでしょうね」

とりわけ王、長嶋を打席に迎えたときは、審判は完璧に敵とみなす必要があった。いわゆる「王ボール」「長嶋ボール」というものがあった。ストライクゾーンぎりぎりを通過するボールは、すべて「ボール」にとられるのである。王と長嶋と対戦するときは、極端にストライクゾーンが狭くなった。だから、ふたりから見逃しの三振を取ることは至難の業だった。オールスターはとくにそうで、極端にいえば、ど真ん中でも「ボール」にされた。

審判が王と長嶋に甘い理由は、やはりONのネームバリューというか、彼らから発されるオーラに抗《あらが》いがたいこと、ないしは超一流のバッターに対する畏敬《いけい》の念が自然と判定に影響することが指摘できる。とりわけオールスターのようにファンがONのバッティングに期待している状況では、ファンからの声に押されてどうしてもON寄りの判定になってしまうのである。

だが、じつはいちばん大きな理由はこういうことだと私は信じている。

「審判がONにサインをもらっているから――」

審判にも家族や知り合いがいる。そういう人から「ONのサインをもらってくれ」といわれれば、なかなか断れない場合もある。むろん、審判が選手にサインをねだることは禁止されている。だから、サインをもらったことは内緒であり、それだけ審判はONに借りができる。それで判定が甘くなるというわけである。ある審判はたしかにそう白状した。

ただ、「王ボールとか長嶋ボールとか、不公平だよな」と、いつものように私がぼやいていたときだった。他チームのキャッチャーからいわれた。

「ノムさんだって、野村ボールがあるじゃない。見逃し三振に取るのは大変なんだよ」

私は気がつかなかったが、そういうボールがあるとすれば、それはある意味、審判が私を一流バッターだと認めた証《あかし》である。決して悪い気はしなかった。

生涯ただ一度の退場事件

私は試合中、あまり頭に血が上ることはない。だから審判に対しても激昂《げきこう》することはないのだが、たった一度だけ退場処分を食らったことがある。

阪神の監督をしていたときだ。神宮《じんぐう》球場でのヤクルト戦だった。三回だったか阪神の攻撃でピッチャーの湯舟《ゆふね》が送りバント。一塁でアウトになった。しかし、ファーストのカバーに回った選手の足が、送球を受けるより早くベースから離れた。明らかな誤審なので、抗議にいった。すると、小林毅一塁塁審から退場を宣告されたのである。六四歳、プロ生活四六年目にして初の、そしてその後もなかった、唯一の退場だった。

審判を突くどころか、触りもしなかった。ただ、思わず「どこに目がついているんだ」と口に出してしまったらしい。というのは、この小林というベテランの審判は——なぜか塁審しかしなかった——判定の正確さでは群を抜いていると評判の審判だったのだが、日頃から私に敵意を抱いているとしか思えなかったのである。試合以外で会っても私をにらみつける。そうされたら私だっておもしろくない。そういう積み重なっていた鬱憤《うっぷん》が爆発してしまったのだ。

なぜ私に敵対心を持つのか、どう考えてもわからなかった。原因として思い浮かぶとすれば、いつだったかベンチから「下手くそ！」と野次ったことくらい。にしても、それほどの敵意を抱くものか。

私は不思議でならなかったが、じつはどうやら巨人ファンだったらしい。それで巨人に強いライバル心を持っている私に対して厳しくあたっていたようなのだ。やはり巨人と戦うときは敵は一〇人いたのである。

ただし、じつは松井優典《まついまさのり》が監督代行を務めたこの試合、この私の退場がきっかけとなって阪神打線が奮起。逆転勝ちを収め、連敗を九でストップ。最下位から脱出することができた。その意味では、小林塁審のおかげといってもいいのかもしれないが……。

オレ流野球の落合

二〇一一年のシーズンで中日ドラゴンズのユニフォームを脱いだ落合博満は、一二球団のなかで唯一、私が高く評価する監督だった。落合のほうも私には一目置いてくれているようで、阪神の監督だったころ、評論家だった落合がキャンプにやってきた折には、取材そっちのけで長時間野球談議をした記憶があるし、中日の監督になってからも、私と戦うときは必ずといっていいほど「監督が会いたいといっています」と中日のマネージャーがやってきて、やはり話をしたものだ。

「ノムさんしか野球の話をできる人間がいないんですよね」

落合はそういっていた。第二回ＷＢＣの監督選考が難航したときは私を推してくれたし、私もまた、落合を推薦した。

いまでも記憶に残っているのは、監督就任会見で「どんな野球をしますか？」と訊かれ、「一八〇度違う野球」と答えたことだ。つまり、人と同じことはしないという意味なのだろう。おもしろいなと思って注目していたら、ノーアウトでランナーが出た。すると落合は送りバントの指示を出した。「どこが一八〇パーセント違うんだ」と笑ってしまったが、二〇〇七年の日本シリーズ、日本一がかかった第五戦の采配《さいはい》は、たしかに一八〇度違っていた。そう、一対〇でリードして迎えた九回、パーフェクトピッチングを続けていた山井《やまい》大介《だいすけ》を降板させた、あのシーンである。

私だったら交代させるか考えたことがある。

「代えない」

それが答えだった。私は自分を情の人間だと思っている。努力を惜しまない選手に対しては、勝つためには代えたほうがいいと思われる場面でも非情になれず、結果的に失敗したことは数え知れない。ヤクルトのヘッドコーチだった丸山完二《まるやまかんじ》に「監督は情をかけすぎですよ」と、ポソッといわれたことがある。

が、情をかけるには、たとえその選手が失敗したとしても、大事な場面をまかせることで成長を促すはずだという願いもあった。まして山井のケースは誰も達成したことのない日本シリーズでのパーフェクトがかかっている。永遠に名前が残り、語り継がれるだろう。私なら「行け!」と肩を叩《たた》いてマウンドに送り出していたはずだ。

しかし、落合はキッパリと交代させた。それを当時、私は批判した。が、この決断は、過去に情をかけて手痛い失敗を経験したからこそのものだったようだ。

監督一年目の西武との日本シリーズ、一勝一敗で迎えた第三戦の七回。六対四とリードしていた中日は、一死二塁のピンチ。ここで落合はピッチャー岡本真也《おかもとしんや》に交代を告げにマウンドに向かったが、集まった主力選手がこういった。

「ここまで来たのだから、このまま岡本で行きましょう」

だが、岡本は打たれ、この試合を落とした中日は、一勝差で日本一を逃すことになったのである。

二〇〇六年の日本シリーズでも中日は敗れた。リーグ優勝の原動力となった主力選手がどういうわけかシリーズで不調に陥ったにもかかわらず、落合が彼らを起用し続けたのが敗因となったのだ。

この二度の後悔があったからこそ、三度目の正直となった二〇〇七年は非情に徹し、あえて鬼となって山井を交代させたのだろう。結果、リリーフの岩瀬《いわせ》仁紀《ひとき》が日本ハム打線を三人で抑え、中日はじつに五三年ぶりの日本一に輝いた。落合は正しかったのである。

息子カツノリ

メジャーリーグには、親子ともにメジャーリーガーというのが少なくない。さすがに二代にわたって名選手となると、ケン・グリフィー・シニア&ジュニア親子やボビー&バリー・ボンズ親子、かつて阪神に在籍したセシル・フィルダー&プリンス・フィルダーくらいのようだが、カル・リプケン・シニア&ジュニア親子や日本で活躍したレオン・リー&デレク・リー親子のように、息子のほうが大成する例はけっこうある。

対して日本では、親子二代でプロ選手というケースすら非常に少なく、ましてやともに名選手という例は寡聞にして知らない。数少ない親子選手が長嶋茂雄&一茂《かずしげ》親子、そして私と克則の野村親子であるわけだが、息子はいずれも選手としては一流にはなれなかったといわざるをえない。

なぜ親子の名選手が生まれないのかはわからない。テッド・ウィリアムスの言葉に「プロスポーツでいちばん難しいのはバッティングだ」というのがあり、そのあたりに理由がありそうな気がするが、いずれにしろ、よくわからないというのが正直なところだ。

じつはカツノリがプロに行きたいといったとき、私は大反対した。明治大学でキャッチャーをやり、そこそこ活躍したものの、プロのスカウトから声はかからなかった。

「専門家が無理だといっているんだぞ。絶対に後悔するから、やめておけ」

私はそういって説得したのだが、「子どものころからの夢だ」とか「失敗しても悔いは残さない」とかいってきかない。私としても、それまで父親らしいことは何ひとつしてやれなかったという弱みがあったから、親馬鹿というしかないが、ヤクルトの相馬球団社長にお願いしてみた。

「息子がわがままをいっているのですが、獲っていただけますか?」

すると「どうぞ、どうぞ」ということだったので、「何位でもけっこうですから」と、ドラフトで指名してもらったのだ。

当然、契約金はないものと思っていた。ところが、つい最近、実際は受け取っていたという事実を妻を通して知った。私には秘密にしていたのである。まったく親に対する感謝の心が足りない。親孝行は名選手の条件のひとつだ。それでカツノリが一流になれなかった理由がわかった。

まあ、それはなかば冗談だが、カツノリがいまコーチを務められているのは、高校、大学と野球部の寮にいたことが大きいと私は考えている。厳しい規則のなか、他人さまに育てていただいた。「野村の息子」ということで、相当なしごきにもあったらしい。同級生がいっていたそうだ――「おまえ、よく我慢したな」。

だから――手前味噌《みそ》になってしまうが――人の痛みがわかるし、やさしくなれる。それがコーチになってから生きているのではないかと想像するのである。

恐怖心を克服できなかったカズシゲ

一方、一茂もヤクルト時代の三年間を私のもとで過ごした。誤解されないようういっておくが、長嶋の息子だから起用しなかったという事実はいっさいない。それどころか、彼の身体能力にはすばらしいものがあったし、なにより人気があったから、なんとかして一人前に育てようとした。

ただ、彼にはバッターとして、選手として致命的な欠陥があった。ボールを怖がりすぎるのである。あれだけの身体をしているのに、腰が引けてしまう。あまりに度が過ぎているので、訊ねたことがあった。

「おまえ、頭にぶつけられたことがあるのか？」

「いや、ありません」

「じゃあ、なんでそんなに怖がっているんだよ」

私は呆《あき》れたが、おそらく「ぶつけられたらどうしよう……」とマイナス思考になっていたのだろう。

それに、見ているとは怖がるのはボールに対してだけではなかった。いつだったか、地方での試合が終わって宿舎に帰るバスに乗ると、テレビにお化けか何かの番組が映っていた。それを見て一茂が「アアッ！」と大声を出しながら本気で怖がっているのだ。

それはまあよいとしても、ボールに対する恐怖心はいっこうに消えなかった。困り果てた私は、日米野球の際、相手の監督（誰だったかは忘れてしまった）に訊ねた。

「ボールを異常に怖がる選手がいるのだが、どういうふうに指導したらいいだろう」

返ってきた答えはひとことだった。

「バイバイ」

つまり、「教えても無駄だからサヨナラしろ」ということだ。それで、もはや私の手には負えないということで、「親父《おやじ》のところに預けたほうがいいんじゃないか」と球団にいって、無償で巨人に移籍させたのである。

まあ、結局巨人でも恐怖心は克服できず、カツノリ同様、野球選手としては父親を乗り越えることはできなかったが、いまはテレビのコメンテーターとしてけっこうまともなことをしゃべって成功している。それはそれでよかったのではないかと思っている。

第四章　野村流プロ野球改革案

巨人の凋落

かつて読売巨人軍は名実ともに〝球界の盟主〟であった。一九三四年、大日本東京野球倶楽部《くらぶ》として設立された巨人の歴史は、そのまま日本プロ野球の歴史に重なる。二〇一一年シーズン終了時点でリーグ優勝四二回、二一回の日本一は他球団の追随を許さない。

しかし、単に歴史が古いだけでは、優勝回数が多いだけでは、〝盟主〟という称号を戴《いただ》くことはできない。そこに風格や品格、威厳ともいうべきものが備わっていなければならないのだ。ある時期までの巨人には、たしかにそれがあった。

・巨人軍は常に強くあれ
・巨人軍は常に紳士たれ
・巨人軍はアメリカ野球に追いつけそして追い越せ

創立者・正力松太郎氏の遺訓をまさしく体現していた。だからこそ、多くのファンを惹《ひ》きつけた。

少年時代の私もそのひとりだった。京都で生まれ育ったにもかかわらず、私は将来は巨人軍の選手になりたいと願っていた。しかし、夢がかなわず、南海に入ると、憧《あこが》れは強烈な対抗心に変わった。なんとかして巨人を倒したいと、全知全能をかけて戦った。それは私だけでなく、巨人を除く一一球団すべての選手に共通の気持ちだったはずだ。監督業に就いてからは、V9時代の巨人を手本としながらも、打倒・巨人を目指した。

ところが、その巨人がいつのころからかおかしくなった。

昔に較《くら》べて弱くなったのはしかたがない。ドラフトなどによる戦力均等化によって相対的に力が低下せざるをえないのは事実であるからだ。それよりも私を落胆させたのは、V9あたりまでの巨人が醸していた風格や品格がまったく感じられなくなってしまったことだ。これは私にとって、プロ野球界にとって、大きな〝事件〟だったといえる。

もはや威厳も風格も感じられない

いまだ巨人は、自分たちが球界の中心にいなければ気がすまないらしい。「自分たちが強ければプロ野球全体も発展するのだ」と考えているように見える。もっといえば、「自分たちが勝てばそれでいい」と思っているのではないか。

だから、どんな手段を使ってでも勝とうとする。金に糸目をつけず、各チームのエースと四番をかき集める。

まあ、それはいいだろう。しかし、そうして繰り広げられるのは、ドジャースの戦法を忘れてしまったかのような、ただ投げて打って走るだけの「打ち損じ、投げ損じ」の野球だ。データも活《い》かしているようには見えない。

しかも、たとえば一塁手にはすでに清原和博がいるのにロベルト・ペタジーニを獲ったり、江藤智《えとうあきら》と小久保裕紀《こくぼひろき》というふたりの三塁手がいたりした。ほかのチームに獲られるくらいなら、うちで飼い殺しにしていたほうがいいと考えているのではないかと勘ぐりたくなるほどで、その結果、生え抜きの選手が育たないばかりか、せっかく大金をはたいて加入させた戦力も存分に力を発揮させることができないという状態が続いた。

グラウンドの外では、思うような選手が獲れないからと、ドラフトをはじめとする制度を自分たちの都合のいいように変えようとするのはいつものこと（付け加えておけば、昔から巨人はスカウティングが下手だ。誰もがよいと認める選手は財力を活かして獲得に行くが、埋もれた素材を見抜き、発掘する能力は昔から低かった）。反対されると半ば恫喝《どうかつ》するかのように新リーグ設立を言い出したし、二〇一一年には、震災の影響を考慮し、選手会が開幕延期を主張したにもかかわらず、まったく耳を貸さず、予定通りに強行開幕しようとした。

エースに成長した内海哲也《うつみてつや》、弱冠二〇歳で定位置をつかんだ坂本勇人《さかもとはやと》をはじめ、育成枠から台頭して新人王に輝いた山口鉄也や松本哲也、やはり新人王を獲得した長野久義、澤村拓一ら、ようやく生え抜きの若手が育ちはじめ、巨人の体質が変わりつつあるかに見えたのは事実だった。

しかし、コーチの能力に欠陥があるのか、彼らもその後はやや伸び悩んでいるうえ、二〇一一年のシーズン終了後には、その改革を主導していたGMが補強や人事をめぐってオーナーに反旗を翻し、翌日に日本シリーズの開幕が控えているというのに記者会見をして内幕を曝《さら》すと、オーナー側もこれに反論。長嶋のものとされる発言まで持ち出し、騒動は泥沼化している。

かつての巨人なら、そんな醜態を曝すことはなかったはずだ。もはや恥も外聞もないというしかない。変わりつつあった補強のやり方にしても、結局は杉内俊哉や村田修一《むらたしゅういち》、D.J.ホールトンといった他球団の主力を金にモノをいわせて引き抜いたように、後戻りしている。

そんなチームにもはや風格や威厳を感じるはずがないのである。新リーグ設立に動いたときは労組選手会が抵抗し、世論もこれを後押ししてこれを阻止した。開幕を強行しようとしたときも、各方面の猛反発に遭い、結局同調するしかなくなった。ファンだってわかっているのだ。巨人が球界の盟主の座から転落し、凋落《ちょうらく》したことを――。

ようやく実現しつつある地域密着と脱巨人偏重

「本拠地を和歌山か四国に移したらどうですか?」

南海の監督だったとき、オーナーに何度もかけあったものだ。南海は当時、大阪を本拠地としていたが、人気という点では阪神に遠く及ばなかった。そのうえ、関西には南海のほかに近鉄と阪急というパ・リーグのチームがいて、阪神が残したパイをパ・リーグ同士で奪い合う不毛な状態が続いていた。それならば、南海電車が走っている和歌山か、プロチームがなく、南海汽船が運航している四国に移転したほうがいいと思っていたのだ。

のちにヤクルトの監督になったときも「ヤクルトの系列会社がある北海道に行きましょう」と提案した。ヤクルトも当時は巨人の人気に押されていただけでなく、東京および近郊にはほかにも日本ハム、横浜、西武といったチームがひしめいていたからだ。

Jリーグが証明したように、プロスポーツを根づかせ、企業経営としても成功させるためには、地域密着が必要不可欠だ。にもかかわらず、プロ野球は球団のフランチャイズが東京と関西に集中していた。私は少しでも歪《いびつ》な状態を是正したかったのである。

結果としてどちらも実現することはなかったが、その後南海はダイエーホークスとなって、西武ライオンズの誕生による埼玉移転で球団がなくなった福岡へ、日本ハムはチームのなかった北海道へとそれぞれ移転。近鉄球団の消滅に伴って仙台をホームとする楽天ゴールデンイーグルスが誕生した。フランチャイズがうまい具合に分散し、それぞれが熱狂的な地元ファンに支えられ、以前より人気・経営状態とも好転している。そして、この地域密着の浸透は、プロ野球のもうひとつの問題だった「巨人中心主義」をも正す結果となっている。

巨人というチームがプロ野球を引っ張ってきたという事実を否定する気は毛頭ない。私自身も少年時代は巨人ファンだったし、とりわけONというスーパースターを擁して九連覇を達成したころの巨人は、敵ながらあっぱれといいたくなるほどの強さだった。王者としての品格もあった。人気が一極集中するのもしかたがなかった。

だが、結果としてそれが「巨人におんぶにだっこ」という事態を招いてしまった。テレビの中継は巨人戦ばかりとなり、セ・リーグの球団はテレビ視聴率、観客動員数ともに期待できる巨人戦という既得権を守ることだけに汲々《きゅうきゅう》とし、パ・リーグは強くても人気は上がらず、赤字ばかりが増えていくようになった。

他方、巨人も次第に傲慢《ごうまん》になり、ドラフト改革などで思うように選手が集められず、勝てなくなると、すぐに「制度を変えろ」と言い出すようになった。それでも、他の球団はもとより、コミッショナーでさえも巨人のご機嫌を損ねるのが怖いからその意向には逆らえず、巨人のみが栄えて、ほかの球団はそのおこぼれを授かるという構図ができあがっていった。

しかし、フランチャイズの分散に伴って、その構図は崩れつつある。パ・リーグの各チームがファンを増やす一方、巨人の、そしていっこうにフランチャイズの移転が進まないセ・リーグの人気は明らかに低下した。巨人戦のテレビ中継が激減し、メディアの扱いも小さくなるのに反比例するかのように、パ・リーグにダルビッシュ、田中将大《まさひろ》を筆頭に、杉内俊哉、和田毅、涌井《わくい》秀章《ひであき》、斎藤佑樹《さいとうゆうき》ら、バッターでも中島裕之《なかじまひろゆき》、中村剛也《なかむらたけや》といった、実力はもちろん、人気も高い選手が目立つようになり、メディアで取り上げられる機会も多くなった。私がずっと待ち望んできた「脱巨人中心主義」と「パ・リーグの時代」がようやく到来した観があるのである。

野茂の渡米と日本人選手のメジャー流出

とはいえ、喜んでばかりもいられない。それどころか、このままではプロ野球の将来は暗いと私は考えている。

私の現役時代と現在のプロ野球で、もっとも大きく変わったのがアメリカとの距離だろう。私が若かったころ、メジャーリーグはまさしく雲の上の存在だった。日米野球という催しで私は何度もメジャーのチームと対戦したことがある。彼らはなかば観光気分で来日していたが、それでも正直いってまったく勝てる気がしなかった。

村山が完封劇を演じたのは先に述べたが、これは稀《まれ》なケース。稲尾や金田さんという日本を代表するピッチャーでさえ、ぽかすかホームランを打たれる。とりわけ彼我の差を痛感させられたのは体格とパワーだった。彼らの身体はどうなっているのだろうと思った私は、ウィリー・メイズの腕を触らせてもらった。すると、余分な脂肪はいっさいついておらず、筋肉がみなぎっていたのがいまでも鮮烈に思い出される。

一九六四年、南海からアメリカの教育リーグに派遣されていた村上雅則《むらかみまさのり》がそのままメジャーに昇格し、日本人ではじめて二年間プレーした。彼が帰国したとき、「どんなすごいピッチャーになっているのだろう」と楽しみにしていたら、左の本格派だった彼がサイドスローになっていたのでガッカリした記憶がある。要するに、当時の日本人投手は、日本では速球派として通用しても、向こうでは左打者対策のワンポイントくらいしか使えなかったのだ。すべての面で当時のメジャーは我々のはるか上をいっていた。

しかし、いまやそのメジャーで多数の日本人選手が活躍する時代となった。その嚆矢《こうし》となったのは、もちろん野茂英雄《のもひでお》である。野茂のメジャー移籍については私もまったく無関係とはいえない。彼の代理人として移籍をサポートしたのが息子の団野村だからである。

「野茂をメジャーに連れて行きます」

電話してきた団に、私はいった。

「ルールがあるのだから、きちんと守らないとダメだ」

しかし、「本人が行きたがっているので」ということで、野茂はなかば強引にメジャー移籍を実現した。そして、現実に予想を覆す大活躍をしたことで、その後日本人選手が次々に海を渡るようになり、日本のプロ野球がなかばメジャーのファーム化してしまった。

二〇一一年のオフも、前年は断念した楽天の岩隈久志をはじめ、ソフトバンクの和田毅、ヤクルトの青木《あおき》宣親《のりちか》、西武の中島裕之、そして現在日本最高のピッチャーであるダルビッシュ有までがメジャー挑戦を表明した。まさに「猫も杓子《しゃくし》も」といった状態で、私から見れば、「よくぞこの選手が」と思えるような選手でさえ、公然とメジャー希望を口にするようになっている。

一流は一流を育てるという。私自身、稲尾、米田哲也、梶本隆夫といった一流ピッチャーと切磋《せっさ》琢磨《たくま》するなかで成長していった。一流ばかりかこれから一流を目指そうという選手が次々とアメリカに行ってしまう現状は、一流が育つ土壌を枯らしてしまいかねない。その意味でも、野茂の移籍はまさしく、日本のプロ野球の根幹をゆるがしかねない大事件だったのである。

日本人選手がメジャーで活躍できた理由

私は日本人選手のメジャー移籍には反対のスタンスをずっととってきた。やはり日本野球が空洞化してしまうという理由が第一だが、もうひとつ、果たしていまのメジャーに日本のトップ選手が移籍するだけの価値があるのかという問題もある。

野茂の活躍で、日本人選手が続々と渡米しはじめたころのこと、私はパット・コラレスというアトランタ・ブレーブスのコーチに訊《たず》ねたことがある。

「日本人選手がメジャーで活躍できる理由は何だろうか？」

ユマ・キャンプでヤクルトの練習を見てくれていたコラレスは、「日本人選手のレベルが上がっているのは事実だが」と認めたうえで、こう続けた。

「昔のメジャーリーグはわずか一六球団しかなかった。それがいまは倍以上の三〇球団。選手層が薄くなり、昔なら3Aクラスの選手でもメジャーに引き上げざるをえなくなった結果、全体のレベルが落ちてしまったのだ」

つまり、アメリカ国内だけでは必要な人材を確保するのが難しくなったので、中南米のみならず日本人選手にもおよびがかかるようになったというわけである。日本でたいした成績を残せなかった選手がそれなりにプレーできたのも、それが理由だったのだ（もちろん、なかには野茂やイチローのようにメジャーにふさわしい実力の持ち主もいる）。

それだけに私はこう思わざるをえないのである――そんなメジャーに〝挑戦〟する意味がどれだけあるのか。結局は金の問題なのではないのかと……。

落合と対談した際、「現役のとき、メジャーに行けたとすれば、行っていた？」と訊ねたところ、落合はこう答えた。

「二四球団だったら行っていた。でも、三〇球団になっておもしろくなくなった。いまのメジャーはおもしろくない」

念のためにいっておけば、落合は私と違って日本人選手のメジャー移籍に肯定的である。

「残った人材でなんとかなる」という考えだ（その代わり、「一度移籍したら帰ってくるな」とも語っていたが……）。が、その落合をして、「いまのメジャーのレベルは低い」と暗にいっているのである。

監督として私もメジャーに？

とはいうものの、正直いって、私ももう少し遅く生まれていたら、やはりメジャーに挑戦していたのではないかと思う。スピードとパワーが重視されるメジャーで、私の志向する野球がどれだけ通用するのか試したいという気持ちを抑えることができないのも事実だ。

じつは、団は私を「監督」としてアメリカに連れて行きたいという夢を持っているらしい。野球に対する私の哲学や考え方とその実践法、選手の能力の見極め方と活かし方などは、いまのメジャーに欠けているものであり、私が選手たちと喧嘩《けんか》しながらチームをつくっていくのをぜひとも見たいのだと団はいっている。

まあ、私は英語がしゃべれないし、妻は英語ができるけれどもベンチに入れるわけにもいかないので実現は難しいのだが、それはともかく、いくら私が選手のメジャー流出に反対しても、「メジャーでやってみたい」という選手の気持ちを翻意させるのは不可能だろう。

だからこそ私はいま、日本のプロ野球の将来に対して大いなる危機感を抱いている。昔に較べれば地上波での中継は激減したし、メディアでの取り上げられ方もサッカーがどんどん大きくなっているのに反比例するように明らかに小さくなっている。これはプロ野球にとって看過できない大きな事件といわざるをえないだろう。

私が子どものころはもちろん、つい最近まで、運動神経のある子どもはまず一〇〇パーセント野球をした。ところが、いまはそういう子どもがサッカーに流れている。しかも、サッカーは野球のように公園などでも禁止されることは少ないし、ボールが当たっても痛くない。子どもの数自体が減っているのに、その多くを野球はサッカーに取られているのである。

そのうえ、このまま日本のトップ選手のメジャー移籍が止まらなければ、日本のプロ野球のレベルが落ち、直接メジャー入りする高校生や大学生も増えるだろう。そうなってしまえば、近い将来、プロ野球そのものが消滅してしまうのではないかとさえ、私は危惧《きぐ》するのである。

そうならないためには、選手をして「アメリカより日本でやりたい」という気持ちにさせることがなによりも大切だ。つまり、日本のプロ野球をもっと魅力的な環境にしていかなければならないのだ。

その点ではメジャーから学ぶことはまだまだ山ほどある。最たるものは年金制度だ。昔、ブレイザーに「メジャーリーガーは毎月年金を三八万円もらえる」と聞いて、驚いた。当時の三八万である。いまはもっと多いはずだ。対して、私がもらっているのは現在でも一二万円。まずはこのあたりから改革していかないと、あらゆる待遇がはるかに日本より上のメジャーに太刀打ちできるわけがない。

ピラミッド型の組織構築を

もうひとつ、少年野球からプロ野球までの統一組織を構築することも必要だ。プロ野球を頂点とするピラミッド型の組織をつくりあげるのである。日本のスポーツ界を見渡しても、それができていないのは野球くらいではないか。日本がアテネオリンピックに出場した種目のなかで、「協会」がないのは野球だけだったという話を聞いたことがある。

ボールひとつとってみても、軟式、硬式、Kボール（重さと大きさは硬式と、表面は軟式と同じ）が混在。中学生世代はシニアリーグ、ボーイズリーグなどに分かれ、勢力争いをしている。高校、大学とプロの壁はいまだに高く、自由な往来ができないでいる。

私は社会人野球のシダックスの監督を務めていたから、そのマイナスを実感した。たとえば、シダックスが大学のチームと試合を行ったとき、私は監督であるにもかかわらず、ベンチ入りを認められなかった。学生野球憲章に反しているというのである。

「タレントとの野球はまかりならん」

そう書いてあるそうだ。

「おれはタレントではない」と抗議したけれど、「コマーシャルに出ているからタレントだ」と門前払いを食わされた。もはや呆《あき》れるのを通り越して、笑うしかなかった。

こんな意地の張り合い、縄張り争いに、いったい何のメリットがあるというのか。百害あって一利なしである。

たとえば、高い技術や知見を持った元プロ選手や現役選手が子どもたちや高校生、大学生にコーチすることがどれだけおたがいの刺激になり、得ることが多いか。子どもたちは将来、「こんな選手になりたい」と憧れを抱くだろうし、選手たちは御手本にならなければいけないとあらためて気を引き締める。サッカーがＪリーグを頂点とするピラミッド型の組織をつくり、裾野《すその》を広げたことで競技全体のレベルが飛躍的に上がったように、日本野球のレベルの向上にも大いに役立つはずだ。

要するに、それぞれのトップの人間たちは、野球の健全な発展という観点などまったく持ち合わせておらず、ただ前例を踏襲することしか頭にないのである。それが既得権益を守ることになるからだ。

近年、シンポジウム形式で現役のプロ選手が高校生を指導する機会が実現したり、プロとアマの試合が組まれたりと、若干の変化は見られるものの、まだまださまざまな障壁が残っている。とくに、裏金問題以降、プロと大学の関係は決して良好とはいえない状態が続いているのである。

ドラフトを完全ウェーバー制に

プロとアマの関係を修復するには、ドラフト制度も改革しなければならないだろう。

やはりアメリカのように完全なウェーバー制にするべきだと思う。すなわち、どの年の巡目においても、前年の成績最下位チームから指名していき、指名した球団が独占交渉権を持つ（つまり、競合することはありえない）という方式である。

一九六四年以前はドラフトがなく、自由競争の時代だった。そこでモノをいうのはやはりカネだった。チームが強くなるか否かは、球団の財力に依存するところが大きかったのである。長嶋が栄養費を受け取っていたように、有望選手やその監督、関係者には裏金を渡すのも常識だった。「どうせ領収書の出ないカネだから」と、自分の懐に入れて豪邸を建ててしまったスカウトもいたほどだ（最終的にバレてクビになったが）。

これでは契約金がうなぎ上りになり、戦力も偏ってしまうというのでドラフト制度がスタートしたわけだが、主に巨人のわがままによって何度も骨抜きにされ、逆指名や自由獲得枠などというものが認められるようになって、実質的にトップ選手については自由競争の時代に戻ってしまったこともあった。

さすがにそれらはその後廃止されたが、いまも完全なウェーバー制にはなっていない。二〇一一年のドラフトで巨人と相思相愛だった菅野《すがの》智之《ともゆき》投手を日本ハムが横から指名して交渉権を勝ち取ったように、競合した場合はくじ引きで指名球団が確定される。

いくら下火になったといっても、やはり巨人の人気はまだまだ全国区だし、根強い。資金力も群を抜いている。菅野は日ハムが指名を強行したが、浪人を決意し、結果的に失敗した。他球団は同じ轍《てつ》は踏みたくないから、ドラフト前に巨人入りを宣言した選手を指名しづらくなるだろう。これは巨人以外の球団を希望した場合も同様だが、なぜか〝逆指名〟をするのは巨人に行きたいという選手ばかりだ。となれば、自動的に巨人に交渉権が転がり込むわけで、自由競争と変わりはない。戦力は偏り、裏金問題もくすぶり続けるのではないか。

監督のレベルを上げよ

もうひとつ、監督のレベルアップも急務だと私は考える。

近年、監督の人材が払底しているだけでなく、知将、名将と呼ばれる監督がほとんど見られなくなったのは、いまの監督たちの勉強不足という理由が大きいと私は考えている。もうひとつは監督になっても二年とか三年契約で後継者づくりが出来ないこともある。

もともと野球選手は勉強しない。野球バカばっかりだ。本ひとつ読まない。たいがいは指導者になってもそうなのだ。だから、指導のベースは自分の選手時代の経験しかない。

もちろん、自分の経験がベースになるのは当然だし、悪いことではない。私だってそうだった。問題は、ベースが経験「しかない」点なのだ。

先ほども述べた言葉が監督にもあてはまる。すなわち、「組織はリーダーの力量以上に伸びない」。監督が自ら成長しようとし、力量を大きくしようとしなければ、チームが成長することも、力が伸びることもないのだ。大勢の選手を統べる監督ともなれば、自分の経験を通して得た理論やノウハウをさらに深めるとともに、野球以外の知識、人間としての常識を身につけることが、当然のこととして求められるのである。

監督といえども、ほとんどは野球しかしてこなかったうえ、外の世界を知らないのだから、そうしたことを知らないのはしかたがない。ならば、勉強すればいいのだが、どうも必要性を感じていないらしい。そもそも、野球についてすら満足に考えていないようなのだ。その証拠に落合がこういって嘆いていたものだ。

「野球界広しといえども、野球の話ができるのはノムさんしかいないんだ」

人材が底をつき、知将、名将がいなくなるのも当然なのだ。

こうした状況を改善しなければ、本当の意味でファンを感動させる野球を見せることはできない。そのためにもう一度提案する。

「監督講習会を実施せよ」

指導的立場で実績を残している各界のリーダーたちを招き、話をしてもらうのである。実際、アマチュア野球では盛んに行われている。私もシダックスの監督時代に出席したことがある（たまたまそのとき、ふたりの元プロ野球選手が講師として招かれていたが、私はもちろん、アマチュアの指導者にもまったく参考にならなかったようだ。あとで私に話をしてくれと頼まれた）。

結果として、指導者とは何かということを考えるきっかけになるだけでも、ずいぶん状況は変わると思うのだ。

ナベツネをコミッショナーに？

では、そうした改革をプロ野球側から実行するのは誰か――いうまでもない、コミッショナーにほかならない。

Jリーグが川淵三郎《かわぶちさぶろう》氏というリーダーを得て改革を実現したように、プロ野球も明確なビジョンとそのためのロードマップを持つ強力なリーダーが必要だ。たびたびいっているように、「組織はリーダーの力量以上に伸びない」のである。

歴代のコミッショナーを見ていると、まさしくこの原則があてはまっているのに私は複雑な気持ちを抱く。Jリーグのいわばコミッショナーであった川淵氏自身がトップレベルのサッカー選手だったのに対し、プロ野球のコミッショナーに元プロ選手はひとりもいない。役人や法曹界の出身者ばかりで、悪意で解釈すれば天下り先のひとつになっている。

したがってコミッショナーは現状ではたんなるお飾りに過ぎず、権限が非常に弱い。かつて近鉄球団の消滅に端を発した労使交渉が勃発《ぼっぱつ》したとき、問題解決にあたるべき最高責任者であるはずの当時の根來泰周《ねごろやすちか》コミッショナーは、あろうことか「私には権限がない」と信じられない発言をして収拾に努めなかったばかりか、騒動の真っ只中《ただなか》に辞任を表明した。いわば敵前逃亡しようとしたのである。

いまのプロ野球界の実質的な最高権力者は、ナベツネこと巨人の渡邉恒雄会長であるといっても過言ではない。誰も逆らえない。であるならば、いっそのこと渡邉氏をコミッショナーにしてしまえばいいとさえ、私は思う。

彼は自分の球団の利益にしか目がいかないが、決断力や実行力はさすがにたいしたものがある。ならば嫌でも球界全体を見渡さなければいけないポジションにまつりあげてしまえばいい。その立場で巨人だけでなく、球界全体を考えて権力をふるってもらえばいいのだ。

まあ、それは暴論の誹《そし》りを受けるにせよ、コミッショナーはやはりそれなりの政治力を備えた人物でなければ務まらない。かつて私は、「コミッショナーにふさわしい人物は誰か」と訊《き》かれて、「中曽根康弘氏《なかそねやすひろ》」と答えたことがあるが、プロ野球のみならず、野球界全体のしがらみや悪しき慣習を抑え、抜本的な改革を推進、実現するためには、それくらいの政治力と剛腕を持ったリーダーがコミッショナーにならなければ不可能であり、いまの球界を見渡しても、渡邉氏くらいしか思い浮かばないということなのである。渡邉氏くらいの決断力と実行力がなければ、人材流出は止まらず、プロ野球の将来も暗いということなのだ。

もっといえば、そろそろ国としてスポーツ省をつくってもよいのではないか。そこですべてのスポーツを仕切り、あらゆるスポーツの相互交流（縦だけでなく横も）を促すのだ。そうすれば競技全体のレベル向上はもちろん、スポーツの持つ教育的価値もさらに高まると思うのだが……。

真のワールドシリーズの実現を

最後にもうひとつ、提案しておきたい。

二〇一三年に開催される予定のワールド・ベースボール・クラシック（WBC）に日本が出場するかもめている。収益の配分が不公平であるためだというが、もともと私はWBCには懐疑的だった。

第一章でも触れたが、二大会連続して日本が優勝を飾ったことは、それも一発に頼らない機動力を活用した攻撃で一点ずつ着実に得点し、投手陣を中心とする堅い守りで守り勝つという日本ならではの緻密《ちみつ》な野球を展開して優勝を勝ち取ったことは、文字通りの大事件だったし、非常に喜ばしいことだった。

しかし、それに水を差すつもりはないが、アメリカチームが真の全米代表だったかといえば、疑問が残る。本当の一流選手の出場はほとんどなかったといわざるをえない。これでは胸を張って日本が「世界一」だというには躊躇《ため》らいがある。ましてや、ディフェンディング・チャンピオンが出場しないとなれば、もはやWBCに「世界一決定戦」という価値はまったくないだろう。

だからこそ私は、〝真のワールドシリーズ〟の早期開催を願う。いまのワールドシリーズはたんなる「アメリカシリーズ」だ。そうではなくて、アメリカ、中南米、アジアの各チャンピオンチームが、真の世界一をかけて激突するのである。WBCがサッカーでいうワールドカップであるならば、こちらはクラブワールドカップだ。次回のWBCに出ないというのなら、代わりに日本側がその開催を提案してみてはどうなのか。

二〇一一年、三年ぶりに復活したアジアシリーズで、日本代表のソフトバンクがはじめて優勝を逃した。これもひとつの事件といえないことはないが、最大の敗因はやはりモチベーションの不足だろう。アジアシリーズで優勝してもたいしてメリットはない。チームと選手のシリーズにかける意気込みが感じられないから、当然観客も注目度も増えない。ますます選手のモチベーションは下がっていく。

こうした悪循環に陥る理由は、アジアシリーズが世界につながっていないからだ。サッカーと較べてみよう。アジアシリーズに相当するアジアチャンピオンズリーグの優勝チームはクラブワールドカップに出場できる。そこではヨーロッパ、南米などの大陸王者を相手に真剣勝負ができ、その模様は世界中でオンエアされる。なかには海外の有力クラブから誘われる選手もいるだろう。勢い、選手のモチベーションは上がるというわけだ。日本で開催された二〇一一年の大会では、開催国枠として出場した柏《かしわ》レイソルが堂々たる戦いぶりを見せた。それを見て、「おれもいつかは出場してやる」と憧れを抱いた青少年は決して少なくないはずだ。

だからこそ、アジアシリーズが世界とつながること、すなわち真のワールドシリーズの開催が望まれるのだ。必要なのだ。それは日本のプロ野球を魅力的にするためのひとつの方策になる。「日本でがんばって、アメリカやキューバをやっつけよう」と考える選手も出てくるだろう。制度を変えて選手の流出に歯止めをかけようとする後ろ向きの方法よりもはるかに建設的だと思う。

真の意味での世界一決定戦を行っても、昔ならアメリカにかなうチームはなかったろう。だが、いまはわからない。中南米はもとより、日本や韓国にも大いにチャンスがある。実現すれば、文字通りの大事件となるだろう。ぜひとも目の黒いうちに日本のチームが真のワールドシリーズで優勝し、世界一となる瞬間を目にしたい――それは私の夢なのである。

あとがき

思いつくまま、思い出話を書き連ねてきた。書いているうちに、次から次へと昔のことが甦《よみがえ》り、収拾がつかなくなってしまった。

なかばボケがはじまっているのか、ふだんはほとんど忘れているのに、何かのきっかけがあると思い出が思い出を呼んで、いくらでも湧いてくる。長いこと野球をやっていると、本当にいろいろなことがあったなと、自分のことながらあらためて驚いている。はじめて明かす話もたくさんあるはずだ。

もっとも、すでに現場を離れて二年が過ぎたこともあり、どうしても昔話が多くなってしまった。お許しいただきたい。

が、これには最近の〝事件〟が昔に較《くら》べると小粒になっていること、そしてなにより、プロ野球の負の部分を感じさせるものが多いという現実も影響している。

すでに書いたことだが、いまや地上波の野球中継は非常に少なくなったうえ、視聴率も落ちている。ほかに娯楽が増えたのだから、相対的に野球の人気が落ちてもしかたがない部分はある。

なんとか視聴率を上げようと、番組宣伝を兼ねた芸能人を呼んだり、懸賞付きのクイズをしたりするのもいいだろう。ヒーローを支える家族の話がやたらとクローズアップされるのも、私が大嫌いな珍プレーの類《たぐい》の番組が放送されるのも、それが本当にプロ野球を盛り上げるのにつながるのなら、甘んじて受け入れよう。

しかし、それもグラウンドで最高のゲームが行われることが前提だ。観る者の感動を呼び、夢を抱かせ、活力を与えるような、真のプロフェッショナルの野球が繰り広げられてこそのものである。

真のプロフェッショナルのゲームとは、たんに「おもしろい」とか「勝てばいい」というものではない。ただ投げればいい、ただ打てばいいという〝投げ損じ、打ち損じ〟の野球ではない。

一球ごとに状況が変わるなかで、おたがいが人知を尽くして高度な心理戦や情報戦を行いながら、数ある選択肢のなかから最善の策を選び出し、みずから判断を下しながら力のかぎり実行する。その全身全霊のぶつかりあいにこそ、野球のおもしろさ、奥深さ、醍醐《だいご》味《み》はある。それらは、決してほかのスポーツ、娯楽に勝るとも劣らないプロ野球ならではの魅力である。

そして、そうしたぶつかりあいが神業ともいえるプレー、予想もつかないような結果を生み出すことがある。それが〝事件〟となる。後世に語るに足る〝事件〟となって、観る者の胸を打つ——。

もはや残された時間で、私はそういう〝事件〟をあといくつ、目撃することができるのだろうか。

それも楽しみのひとつだ。

野村克也

二〇一二年一月

野村克也（のむら・かつや）

1935年、京都府生まれ。54年、京都府立峰山高校卒業。南海（現福岡ソフトバンク）ホークスヘテスト生で入団。３年目に本塁打王。65年、戦後初の三冠王（史上２人目）など、MVP５度、首位打者１度、本塁打王９度、打点王７度。ベストナイン19回、ゴールデングラブ賞１回。70年、監督（捕手兼任）に就任。73年パ・リーグ優勝。のちにロッテ・オリオンズ、西武ライオンズでプレー。80年に45歳で現役引退。通算成績2901安打、657本塁打、1988打点、打率.277。90年、ヤクルトスワローズ監督に就任、４度優勝（日本一３度）。99年から３年間、阪神タイガース監督。2002年から社会人野球・シダックスのゼネラル・マネジャー兼監督。03年、都市対抗野球大会で準優勝。89年、野球殿堂入り。06年度、東北楽天ゴールデンイーグルス監督就任。09年度、退任、名誉監督に就任する。「生涯一捕手」が座右の銘。

プロ野球重大事件《やきゅうじゅうだいじけん》

――誰も知らない〝あの真相〟

野村克也《のむらかつや》

二〇一二年二月十日　初版発行

発行者　井上伸一郎

発行所　株式会社角川書店

東京都千代田区富士見二―十三―三

〒一〇二―八〇七八

電話／編集　〇三―三二三八―八五五五

発売元　株式会社角川グループパブリッシング

東京都千代田区富士見二―十三―三

〒一〇二―八一七七

電話／営業　〇三―三二三八―八五二一

http://www.kadokawa.co.jp/

装丁者　緒方修一（ラーフイン・ワークショップ）

編集協力　メディアプレス、藤田健児

印刷所　暁印刷

製本所　ＢＢＣ

角川oneテーマ21　B-155

ISBN978-4-04-110161-2 C0295

A-45
巨人軍論
――組織とは、人間とは、伝統とは
野村克也
すべての戦略、戦術のノウハウは巨人軍に隠されている――。強い球団と弱い球団の差とは？ 楽天を指揮する名匠の前代未聞の巨人軍分析！

A-94
あぁ、監督
――名将、奇将、珍将
野村克也
組織は監督の「器」より大きくならず。歴代監督から現役監督の戦術や人間性までを徹底分析した「リーダー論」。野村流リーダー学の極意も公開する！

A-86
野村再生工場
――叱り方、褒め方、教え方
野村克也
「失敗」と書いて「せいちょう」と読む。人は無視・賞賛・非難で試される。意識付け、考え方、ぼやき方まで、楽天的再生論の極意を初公開する。

A-110
あ～ぁ、楽天イーグルス
野村克也
最下位から歓喜のCS進出、驚きの解雇通告まで――。楽天野球とは何だったのか？ 名将が綴った「楽天監督一五〇〇日」のすべてを徹底公開！

A-131
野村ボヤキ語録
――人を変える言葉、人を動かす言葉
野村克也
人間は「言葉」によって変わることができる。ほめ方、叱り方、ボヤキ方まで、人間再生のための言葉の魔術を著者の体験から具体的に公開する！

A-130
信頼する力
――ジャパン躍進の真実と課題
遠藤保仁
2010年、南アフリカW杯。チーム最年長であり中心にいた遠藤保仁が、今だから明かす真実。日本代表、躍進のカギは「信頼関係」にあった――。

A-129
バカの正体
テリー伊藤
なんでも感動したがるバカ、前世を信じるバカ、ラーメン屋に並ぶバカ……、〝一億総バカ時代〟に突入したニッポンを果敢に生き抜くための処方箋！

角川oneテーマ21

B-141
夫の転がし方
野村沙知代
亭主は転がすほど出世する⁉ 「おしどり夫婦」として有名な著者が、夫婦生活の心得から熟年生活の楽しみ方までを伝授する決定版の一冊！

A-87
覚悟のすすめ
金本知憲
強い覚悟が自分を支える力になる。連続フル出場の世界記録を更新し続ける鉄人の精神力と強靭な肉体の秘密。

A-103
反骨心
清原和博
人生、挫折ありき――。「無冠の誇り」があるからこそ、男の生き様は輝く。立ちはだかる逆境を「反骨心」で乗り越えた人生哲学とは何か？

A-106
なぜ阪神は勝てないのか？
――タイガース再建への提言
江夏　豊
岡田彰布
なぜ関西の雄を脱皮して、真の日本一になれないのか？　球団の暗部にまで迫る問題作。次々飛び出す衝撃の真実！　この二人だからこそ、ここまで書けた。

A-114
考えよ！
――なぜ日本人はリスクを冒さないのか？
イビチャ・オシム
日本が世界で勝ち上がるためのヒントが見えてくる。なぜ日本人はリスクを冒さないのか。前サッカー日本代表監督が書き尽くした珠玉の戦術論・組織論・日本人論。

A-126
恐れるな！
――なぜ日本はベスト16で終わったのか？
イビチャ・オシム
南アW杯ベスト16で満足するな！　日本人よ、もう少しの勇気を持て！　元サッカー日本代表監督が日本の未来のために書き尽くした渾身の提言。

C-198
大局観
――自分と闘って負けない心
羽生善治
年齢を重ねるごとに強くなり、進化する「大局観」の極意とは何か？　最強棋士の勝負哲学からの直感力、決断力、集中力の法則を学ぶ一冊。